T5-CCL-334

Das Buch

Das Hörspiel als Kunstform hat in Deutschland nach dem Kriege eine wesentliche und fruchtbare Entwicklung erfahren. Fast
alle bedeutenden Autoren haben sich dieses Ausdrucksmittels
bedient, die meisten mit Erfolg. Zu ihnen gehört Heinrich Böll.
In dem vorliegenden Band sind Hörspiele aus den Jahren 1953
bis 1963 vereinigt. Wie Bölls Erzählungen und Romane, so sind
auch seine Hörspiele von der sozialkritischen Auseinanderset-
zung mit der Gegenwart bestimmt; ein »streitbares Verhältnis
zu den unruhigen Fragen unserer Zeit«, von dem ein Kritiker
spricht, zeichnet auch diese Arbeiten aus. Dabei mag von be-
sonderem Interesse sein, daß Böll auch formal die verschieden-
sten Möglichkeiten der noch jungen Kunstform ausgenutzt hat.
Sie reichen von der dramatischen Szene bis zum Gespräch einer
Sterbenden und einem Konzert für Stimmen. Das Erstaunlich-
ste ist, daß »das Spiel mit der Vorstellungskraft«, wie das Hörspiel einmal definiert wurde, bei der Lektüre den Leser ebenso
zu fesseln vermag wie als Höreindruck.

Der Autor

Heinrich Böll, am 21. Dezember 1917 in Köln geboren, war
nach dem Abitur Lehrling im Buchhandel. Danach Studium der
Germanistik. Im Krieg sechs Jahre Soldat. Seit 1947 veröffent-
lichte er Erzählungen, Romane, Hör- und Fernsehspiele, Thea-
terstücke und war auch als Übersetzer aus dem Englischen tä-
tig. 1972 erhielt Böll den Nobelpreis für Literatur. Er starb am
16. Juli 1985 in Langenbroich/Eifel.

Von Heinrich Böll
sind im Deutschen Taschenbuch Verlag erschienen:

Heinrich Böll:
Zum Tee bei Dr. Borsig
Hörspiele

Deutscher
Taschenbuch
Verlag

Von Heinrich Böll sind außerdem
im Deutschen Taschenbuch Verlag erschienen:
In eigener und anderer Sache. Schriften und Reden
1952–1985 (5962; 9 Bände in Kassette)
In Einzelbänden lieferbar:
Zur Verteidigung der Waschküchen (10601)
Briefe aus dem Rheinland (10602)
Heimat und keine (10603)
Ende der Bescheidenheit (10604)
Man muß immer weitergehen (10605)
Es kann einem bange werden (10606)
Die »Einfachheit« der »kleinen« Leute (10607)
Feindbild und Frieden (10608)
Die Fähigkeit zu trauern (10609)

Mai 1964
17. Auflage Januar 1992
Deutscher Taschenbuch Verlag GmbH & Co. KG,
München
Lizenzausgabe mit freundlicher Genehmigung des Verlages
Kiepenheuer & Witsch, Köln · Berlin
Umschlaggestaltung: Celestino Piatti
Gesamtherstellung: C. H. Beck'sche Buchdruckerei,
Nördlingen
Printed in Germany · ISBN 3-423-00200-X

Inhalt

Mönch und Räuber [1953]

Personen

Eugen
Mulz-Milutin
Pförtner
Bunz
Agnes
Raimund
Bibliothekar
Bischof
Pfarrer
Witwe Baskoleit
Zimmerwirtin
Eine Frau
1. Mann
2. Mann
1. Zöllner
2. Zöllner
1. Trinker
2. Trinker

(Raumlos)

EUGEN: Viel Merkwürdiges ist mir widerfahren. Alles zu berichten würde lange dauern, aber ein wenig muß ich erzählen: bis zu meinem fünfzehnten Jahre habe ich die Kühe meines Vaters gehütet. Ich trieb sie auf die Baitha, manchmal noch bis in den Oktober hinein; Baitha – das ist die große Ödfläche oben im Gebirge; nur spärlich wächst dort Gras, und die Euter der Kühe füllen sich kaum, und die Leute sind arm dort; jedes Maß Milch ist kostbar, jedes Kilo Käse ist Geld, und es gab Jahre, in denen ich noch zu Beginn des Winters oben in der Baitha hockte, ganz allein, ein Knabe, in der Hütte aus Brettern und Steinen; der Wind heulte und trieb mir den Rauch meines Feuers ins Gesicht. Doch da oben gab es noch einen ärmeren als mich: Mulz, der Sohn des Räubers, der gleichen Alters war wie ich. Durchfroren und zerlumpt kam er manchmal zu mir gekrochen, und ich erschrak schon lange nicht mehr vor ihm, obwohl er der Sohn des Räubers Bunz war. Hart ist der Herbst in der Baitha und gering nur das Einkommen eines Räubers.

(Akustikwechsel. Man hört das Knistern eines Feuers)

EUGEN: Du bist heute so schweigsam, Mulz, erzählst mir gar nichts.

MULZ: Später, Eugen, ich bin so hungrig.

EUGEN: Wo kommst du her?

MULZ: Aus der Stadt.

EUGEN: Hungrig aus der Stadt? Ich denke, in der Stadt . . .

MULZ: Ja, ich bin in die Stadt gewandert. Mein Alter hat mich hingeschickt, weil Jahrmarkt war, und Jahrmarkt, weißt du, das ist etwas für einen Räuber. Wenn man Glück hat – na ja, du weißt schon. Manchmal läuft einem so ein dicker Bauer über den Weg . . .

EUGEN: Komm, gib deinen Napf her. Ich glaube, die Suppe ist fertig. *(Suppe wird ausgeschenkt)* – – Willst du ein Stück Brot?

MULZ: Wenn du eins übrig hast.

EUGEN: Ja, hier, nimm . . .

MULZ: Danke.

(Akustikwechsel, raumlos)

EUGEN: Früher wußte Mulz Geschichten zu erzählen, über denen ich alles vergaß: die Kühe, die Kälte, das Heulen des Windes. Geschichten, die er von seinem Vater und vom Vater seines Vaters gehört hatte, von Märkten und Räuberstreichen; aber an diesem Abend sagte er nichts. Er rollte sich nach dem

9

Essen eine Zigarette, gab auch mir den Beutel, und wir blickten schweigend ins Feuer und hörten dem Wind zu. Wenn es so war, dann wußte ich, daß Mulz singen würde. Mulz sang oft, wenn wir so beisammen saßen ...

(*Akustikwechsel*)

MULZ (*singt*):

> Wir haben das Korn für die Reichen gedroschen,
> ihre Schläuche mit Wein gefüllt,
> sie hatten Schuhe, wir trugen Galoschen,
> unseren Durst hat keiner gestillt ...

EUGEN: Aber warum erzählst du mir nichts, Mulz ...

MULZ: Ich hab' mich über meinen Alten geärgert. Wir sind zusammen in die Stadt gegangen, auf den Jahrmarkt; alles ist gut gegangen, am Abend hatten wir zwei Goldstücke, viele Groschen und Pfennige, zwei Schafsfelle und einen großen Topf voll Fett für den Winter, aber mein Alter ...

EUGEN: Was ist mit deinem Alten?

MULZ: Hat alles zu diesem Weib getragen, zu dieser Agnes. Nun haben wir nichts für den Winter, und es war der letzte Jahrmarkt vor Lichtmeß. Du ... weißt du, was eine Sünderin ist?

EUGEN: Du meinst, so wie die Kata in unserem Dorf ...

MULZ: Ja, das ist es, glaub' ich. Wie die Kata in eurem Dorf. Und warum ist die Kata in eurem Dorf eine Sünderin?

EUGEN (*zögernd*): Weil sie ... der Pfarrer sagt ... ich glaube mit Männern.

MULZ: Natürlich, mit Männern ... das sind Sünderinnen ...

(*Ausblenden, Akustikwechsel, raumlos*)

EUGEN: Das war der letzte Abend mit Mulz: ich habe ihn nie mehr gesehen, nur seinen Vater oft, den alten Bunz. Aber seitdem sind fünfzig Jahre vergangen. Am anderen Abend holte mich mein Vater ins Dorf zurück, und ich verbrachte den Winter wie alle Winter: ich fütterte das Vieh, half beim Melken, knetete den Käse und saß abends in der Spinnstube. Ich half dem Pfarrer in der Kirche wie alle Winter vorher: diente die Messe, sang die Litaneien und versah die Arbeit eines Sakristans, und der Pfarrer war es, der meinen Vater auf den Gedanken brachte, ich sei zum Mönch bestimmt. Der Pfarrer lehrte mich Latein, lehrte mich Kirchengeschichte, und zwei Jahre lang brauchte ich nicht mit den Kühen auf die Baitha zu ziehen. Und als ich sechzehn war, kam ich in das große Kloster in der Stadt, das vom Vater Paul regiert wurde. Dort *(zögernd und leise)*, ja, dort kam ich schnell in den Ruf großer Gelehrsamkeit und Frömmigkeit. Ich war noch nicht zwanzig, war noch nicht zum Priester geweiht, als mich Vater Paul berief, ihm bei seinen Geschäften zu helfen. Und hier sah ich Bunz wieder, den Vater des Mulz.

(Akustikwechsel, innen)

PFÖRTNER: Es ist jemand da, Bruder Eugen, der den Vater Paul dringend zu sprechen verlangt.

EUGEN: Aber du hast ihm gesagt, daß . . .

PFÖRTNER: Ich habe ihm gesagt, daß Vater Paul verreist ist, um unser Bruderkloster zu besichtigen. Aber der Mann will unbedingt mit dem Vertreter unseres Vaters sprechen, unbedingt, sagt er, es sei sehr eilig.

EUGEN: Wer ist es, kennst du ihn?

PFÖRTNER: Jedermann kennt ihn, Bruder, es ist der Räuber Bunz.

EUGEN: Bunz? Ich komme sofort . . . ich . . . bring mich zu ihm . . .

(Akustikwechsel, raumlos)

EUGEN: Ich hatte lange nicht mehr an die Baitha gedacht, nicht mehr an Mulz, an die Hütte und an das Heulen des Windes. Nun spürte ich plötzlich die milde Würze des Tabaks – des Räubertabaks – hinten im Halse, und ich folgte dem Bruder Pförtner, überholte ihn und war noch vor ihm im Sprechzimmer. Ich erschrak, als ich Bunz sah: er war alt geworden, sehr alt . . .

(Akustikwechsel, innen)

BUNZ *(erregt)*: Ich danke Euch, daß Ihr gekommen seid, Vater.

EUGEN: Ich bin kein Vater, Bunz, ich bin der Bruder Eugen und vertrete für ein paar Tage den Vater Paul.

BUNZ: Ganz gleich, Bruder – – hier dieses Geld habe ich Euch gestohlen, aus dem Opferstock des Klosters. Nehmt es – schnell!!

EUGEN: Warum bringst du es zurück?

BUNZ: Ich glaube, ich . . . ich hätte es dir nicht gebracht, aber . . . Bruder . . . die *(bricht ab, das Folgende schnell)* die Sünderin Agnes . . . ich wollte zu ihr mit diesem Geld . . . sie . . .

EUGEN: Sie hat dich zurückgeschickt?

BUNZ: Ja, Bruder Eugen, *(zögernd)* sie hat mir ihre Liebe verweigert, als sie erfuhr, woher das Geld war.

EUGEN: Man sagt, du bist ein Räuber . . . stimmt das, oder lügen die Leute?

BUNZ: Die Leute lügen nicht, Herr, ich bin ein Räuber.

EUGEN: Wie lange schon bist du ein Räuber?

BUNZ: Schon dreißig Jahre, Herr . . .

EUGEN: Und wie alt bist du?

BUNZ: Vierzig, Herr.

EUGEN: Seit deinem zehnten Lebensjahr bist du ein Räuber?

BUNZ: Ja, Herr. Wir sind alle Räuber. Kennt Ihr die Baitha?

EUGEN: Nein, ich kenne die Baitha nicht.

BUNZ: Dort bin ich geboren, Herr, aber mein Heimatdorf gibt
es nicht mehr: die Armut hat es aufgefressen, Wind und
Schnee haben es zerstört. Als ich fünf Jahre alt war, schickte
meine Mutter mich los, den Weizen abzuschneiden auf den
Feldern der Bauern: es waren drei Stunden Wegs, Herr, und
ich brachte gerade so viel, wie für zwei Tage in die Suppe
reichte. Als ich acht war, mußte ich zum erstenmal helfen, die
Kuh eines Bauern nachts auf der Weide zu schlachten: es war
kalt, und ich bekam viele Ohrfeigen, weil ich müde war und
einschlief, während mein Vater dem Vieh das Fell abzog. Mit
zwölf schnitt ich zum erstenmal einem Bauern den Geldbeu-
tel ab, und als ich dreizehn war, mußte ich hinüber nach Murdien, über die Grenze, in großen Schläuchen den roten Wein
zu schmuggeln; mein Vater ließ mich kosten von diesem
Wein, und er schmeckte mir, Herr, er schmeckte mir gut . . .

EUGEN: Und immer hast du Hunger gehabt?

BUNZ: Immer, und niemand hat mich arbeiten gelehrt: Arbeit,
das war stehlen, war schmuggeln – und der Wein schmeckte
mir.

EUGEN: Und – jetzt hast du auch Hunger?

BUNZ: Ja.

EUGEN: Hier, nimm einen Dukaten zurück – von dem Geld, das
du gestohlen hast. Der Bruder an der Pforte wird dir Brot
geben, und wenn du wieder Hunger hast, dann komm erst zu
mir – und laß aber das Rauben sein.

Du sagtest, du seist auch zur Sünderin Agnes gegangen?

BUNZ: Ja, Herr . . . wenn es keine Sünderinnen gäbe, wie würde
ein armer Räuber wissen, was Liebe ist?

EUGEN: Hast du keine Frau?

BUNZ: Ich hatte eine, Herr – – aber unsere Frauen sind ver-
braucht. Bis sie zwanzig sind, sind sie krank. Meine ist sehr
bald gestorben, und ich nahm keine zweite mehr, weil es nicht
gut ist für einen Räuber, verheiratet zu sein . . .

EUGEN: Geh nicht mehr zu den Sünderinnen, sei kein Räuber
mehr.

Bunz: Ich danke Euch, Bruder . . . ich – ich will es versuchen . . .

Eugen *(unterbricht ihn)*: Und – was ist aus deinem Sohn Mulz geworden?

Bunz: Ihr habt meinen Sohn Mulz gekannt?

Eugen: Ja, ich kenne auch die Baitha. Verzeih mir, daß ich dich täuschte. Ich habe so oft mit Mulz in meiner Hirtenhütte gesessen.

Bunz: Ihr seid der – – – Eugen . . . natürlich, Mulz hat mir manchmal von Euch erzählt, *(eifriger)* Ihr wißt, daß wir niemals etwas von den Bauern Eures Dorfes genommen haben, auch von Eurem Vater nicht.

Eugen: Ich weiß – – aber was ist aus Mulz geworden?

Bunz: Wir wissen nichts von ihm, Herr. Er kam von einem Grenzgang nach Murdien nicht zurück, vor zwei Jahren – sicher ist er im Gefängnis.

(Akustikwechsel, raumlos)

Eugen: Später, als Vater Paul zurückkehrte, nahmen wir Bunz zu uns ins Kloster. Er half dem Bruder Pförtner Holz hacken, zündete die Öfen in den Gasträumen an und half beim Backen. Aber er war alt und krank, und als er starb, weinte ich: wieder spürte ich tief hinten im Hals den Geschmack der Zigaretten, die ich mit Mulz zusammen gedreht hatte, die milde Würze des Räubertabaks. Ich spürte sie, während Vater Simon die Liturgie über Bunzens offenes Grab murmelte; und alle Brüder wunderten sich über meine Tränen. Aber auch das ist schon fünfundvierzig Jahre her. Vater Makarius starb, Vater Simon starb, und die Brüder wählten mich zum Oberen des Klosters. Ich war gerade erst Priester geworden, war fünfundzwanzig Jahre alt, und damals verdarb die Sünderin Agnes immer noch viele Männer. Der Ruf ihrer Verdorbenheit drang in alle Welt, und an der Pforte unseres Klosters weinten die Frauen, deren Männer sie verführt, weinten die Kinder, deren Erbteil ihre Väter bei der Sünderin Agnes gelassen hatten. Da erflehte ich mir Gnade von Gott, empfahl mich dem Gebet der Brüder, zog die Kleider eines Weltmannes an und besuchte die Sünderin Agnes. Ich erschrak, weil sie so schön war.

(Akustikwechsel, innen)

Eugen: Gewiß, dein Zimmer ist abgelegen und versteckt, doch es ist nicht vollkommen nach meinem Geschmack. Es müßte noch abgelegener und versteckter sein.

Agnes: Ich versichere dir, wir sind hier völlig geborgen vor den Blicken der Menschen.

EUGEN: Ich glaube es, aber das genügt mir nicht. Kannst du mich in ein Zimmer führen, wo wir sicher sind vor den Blicken Gottes . . .

AGNES *(leise und sehr beunruhigt)*: Was willst du von mir?

EUGEN: Wie kannst du es wagen, vor den Blicken Gottes zu tun, was du nicht wagst, vor den Blicken der Menschen zu tun?

(Akustikwechsel, raumlos)

EUGEN: Da fiel Agnes vor mir auf die Knie und weinte, und noch am gleichen Tag verbrannte sie ihren Schmuck auf dem Markt, klagte sich öffentlich an und verteilte ihr Vermögen unter die Armen. Sie ließ sich einmauern und lebte fortan in ihrer Klause, und wir reichten ihr Brot durch die Klappe, reichten ihr Wasser und hörten ihr unermüdliches Gebet:

AGNES: Du, der mich erschaffen hat, erbarme Dich meiner.

EUGEN: So hörten wir sie viele Jahre hindurch, aber nun ist auch Agnes längst gestorben, und unser Bruder Leo hat das Bett gesehen, das im Himmel für sie bestimmt ist. Fast fünfzig Jahre lang habe ich das Kloster regiert. Ich ließ ein Kloster bauen auf der Baitha, schickte Brüder dorthin, die die Räuber lehrten, wie man den Acker bestellt und Viehzucht betreibt, und immer, wenn ich an die Baitha dachte, oder das Wort hörte, spürte ich tief hinten im Hals das Kratzen von der milden Würze des Räubertabaks. Ich verbrachte den Tag, die halbe Nacht in Studium und Gebet, gründete viele Klöster in unserer Provinz, ließ Wälder roden und Dörfer entstehen, ließ Sümpfe entwässern, und von weit her kamen die Menschen, um mich zu sehen und meinen Predigten zu lauschen, und sie sprachen alle davon, daß ich ein Heiliger sei. Sie sprachen immer davon und immer wieder, dreißig Jahre lang, bis auch ich, ohne es zu wissen, anfing, mich für einen Heiligen zu halten. Unter den Menschen, auch unter meinen Brüdern, fühlte ich mich einsam wegen des Lobs, das alle mir spendeten, und an einem Tag, den ich nicht mehr weiß, fing ich an zu beten: O Herr, zeige mir den Menschen auf dieser Erde, der mir am ähnlichsten ist.

So betete ich viele Jahre hindurch, jeden Tag, und meine Sehnsucht, diesen Menschen wirklich kennenzulernen, wuchs immer mehr, denn immer weiter drang der Ruf meiner Heiligkeit, immer mehr Menschen strömten in unser Kloster, mich zu sehen und zu hören, und ich fühlte mich immer einsamer, bis Gott mein Gebet erhörte.

(Akustikwechsel, Klopfen an eine Zellentür)

RAIMUND: Vater Eugen, kann ich eintreten?

EUGEN: Ist es dringend?

RAIMUND: Ja – es ist dringend – glaube ich.

EUGEN: Du glaubst?

RAIMUND: Ja.

EUGEN: Komm herein.

(Zellentür wird geöffnet)

EUGEN: Du bist so erregt.

RAIMUND: Ich habe einen Traum gehabt.

EUGEN: Sei vorsichtig mit Träumen, Bruder, nicht alle sind von Gott.

RAIMUND: Im Traum wurde mir etwas gesagt, das ich dir mitteilen soll.

EUGEN: Mir?

RAIMUND: Ja, Vater, ich sah einen Mann im Traum. Ich begegnete ihm auf einer weißen endlosen Straße. Der Mann hatte kein Gesicht. Er war gekleidet wie wir, aber er hatte kein Gesicht. Ich sprach ihn an, aber er schwieg – – und plötzlich wandte er sich mir zu und sagte: Sag dem Vater Eugen, der Mann, den er sucht, heißt Milutin und wohnt in einem Dorf, das Beguna heißt.

EUGEN *(sehr erregt)*: Er sagte nicht, wer er war?

RAIMUND: Er sagte nichts, Vater. Oft hatte ich ihn vorher gefragt: er hatte kein Gesicht und sagte nichts. Ich weiß nur, daß er Kleider trug, wie wir sie tragen.

Als er gesprochen hatte, erwachte ich und eilte gleich zu dir.

EUGEN: Du hast am hellen Tag geschlafen und geträumt?

RAIMUND: Ja – – eben in meiner Zelle. Ich war müde, und ich schlief auf dem Boden ein. Aber ich werde büßen. Ich werde zwei Nächte meinen Schlaf opfern, weil ich am hellen Tag schlief.

EUGEN: Ja – – du mußt nun büßen, weil ich Gott eine Frage stellte, die er dir im Traum beantwortet hat.

RAIMUND: Erlaube die Frage, Vater: suchst du einen Mann, der Milutin heißt?

EUGEN: Ich suche den Menschen auf dieser Welt, der mir am ähnlichsten ist. Ich bat Gott, ihn mir zu zeigen, und nun habe ich durch dich erfahren, daß er Milutin heißt und in dem Dorf Beguna wohnt.

RAIMUND: Es muß ein sehr heiliger Mann sein, wenn er dir gleichen soll.

EUGEN: Sprich nicht von meiner Heiligkeit . . . Ich bitte dich:

ruf mir den Bibliothekar. Ich kenne Beguna nicht. Ich habe noch nie von einem Orte dieses Namens gehört.

(Akustikwechsel, raumlos)

EUGEN: Ich spürte eine große Freude in meinem Herzen, ich liebte ihn schon, ohne ihn zu kennen, meinen Bruder Milutin. Ich eilte dem Bibliothekar entgegen, ging mit ihm zusammen in seine Bibliothek, und wir suchten in allen Büchern . . .

(Akustikwechsel, Bibliothek)

BIBLIOTHEKAR: Begenich – – Begeno – – Begovia – – Begroth – – Beguna *(sehr lebhaft)* Vater, ich habe den Ort gefunden, der Beguna heißt.

EUGEN: Liegt er weit von hier?

BIBLIOTHEKAR: Verzeih, ich muß erst die Karte suchen. Da . . . es liegt in Murdien, Vater, in der Nachbarprovinz, *(erregt)* hier, hier ist Beguna – es liegt zwischen den Städten Antonia und Tugra, dort, wo die großen Erzgruben sind.

EUGEN: Wieviel Meilen sind es bis dort . . .

BIBLIOTHEKAR: Viele Meilen, Vater, zweihundert . . . Aber – willst du denn allein dorthin wandern, ganz allein?

EUGEN: Ich muß dorthin, Bruder Bibliothekar, ich muß. Schreib mir auf, welchen Weg ich nehmen muß, welche Klöster an meinem Weg liegen und wo ich übernachten kann.

BIBLIOTHEKAR: Ich werde es dir aufschreiben, Vater . . .

(Akustikwechsel, raumlos)

EUGEN: Meine Brüder weinten, als ich fortzog, sie gaben mir das Geleit bis vor die Stadt, und viele Menschen folgten uns. Ich bat alle Brüder um ihren Segen, auch den niedrigsten unter ihnen, einen jungen Bauernburschen, der noch nicht Diakon war. Viele boten sich an, mich zu begleiten, aber ich wollte allein sein auf dem Weg nach Beguna, ich wollte meinem Bruder Milutin allein begegnen: ich liebte ihn, ohne ihn zu kennen, liebte ihn sehr und dankte Gott an jedem Tag für die Gnade, die er mir erweisen wollte, indem er mir meinen Bruder Milutin zeigte.

Die Kunde von meinem Auszug war mir vorausgeeilt, und überall standen die Menschen an den Straßen und baten um meinen Segen – solche, die in den Dörfern wohnten, und andere, die auf den staubigen Straßen einherzogen.

(Akustikwechsel, im Freien)

FRAU: Segne uns, Vater Eugen.

EUGEN: Woher kommt ihr, meine Tochter?

FRAU: Wir kommen aus Murdien, Vater.

EUGEN: Und ihr verlaßt das Land?

FRAU: Wir ziehen in unsere Heimat zurück.

EUGEN: Wo ist eure Heimat?

FRAU: Die Baitha, oben im Gebirge.

EUGEN: Aber die Baitha ist ein armes Land.

FRAU: Ja, es ist arm, aber nichts kann so schlimm sein wie die Arbeit in den Erzgruben, die schmutzigen Hütten, in denen wir hausen mußten, und der wilde Gesang der Betrunkenen, die nachts über die Straßen ziehen.

EUGEN: Ihr seid schon lange unterwegs?

FRAU: Viele Tage, Vater.

EUGEN: Seid ihr je durch ein Dorf gekommen, das Beguna heißt?

MANN: Ja, wir sind durchgekommen, wir haben eine Nacht dort verbracht. Es ist wie alle Dörfer im Gebiet der Erzgruben.

EUGEN: Habt ihr dort einen Mann getroffen, der Milutin heißt?

MANN: Nein, Vater. Was soll er sein, was treibt er in Beguna?

EUGEN: Ich weiß nicht, vielleicht ist er ein Priester.

MANN: Wir haben den Pfarrer von Beguna nicht gesehen, Vater. Nur sein Haus, er wohnt in einem schönen Haus, gleich neben der Kirche, wo der Arzt, der Grubendirektor und der Apotheker wohnen. Du wirst es leicht finden, Vater. Aber ob er Milutin heißt, das wissen wir nicht.

(Akustikwechsel, raumlos)

EUGEN: Am Abend setzte ich zum erstenmal meinen Fuß in das Land, in dem Beguna lag. Die Zöllner unseres Landes waren noch sauber gekleidet, sie kamen aus dem Zollhaus, knieten nieder und baten um meinen Segen. Aber hundert Schritte weiter lag das murdische Zollhaus: die Zöllner dort sahen ärmlich aus und waren mürrisch und abweisend. Nur einer von ihnen, den ich um Auskunft bat, gab mir freundlich Bescheid.

EUGEN: Ich suche ein Kloster, Bruder, in dem ich übernachten kann und wo ich etwas zu essen bekomme. Es muß hier in der Nähe liegen.

1. ZÖLLNER: Du hast nichts zu essen?

EUGEN: Nein.

1. ZÖLLNER: Hm, ein Kloster, ich glaube, es gibt eins in Tugra, aber das sind noch dreißig Meilen von hier. Vielleicht gehst du doch besser ins nächste Dorf zum Pfarrer.

EUGEN: Aber mein Bruder hat mir aufgeschrieben, daß zehn Meilen von der Grenze ein Kloster liegt, in – St. Helèna.

1. ZÖLLNER: Ja, das war einmal. Aber die Mönche sind schon vor

Jahren wieder weggezogen, sie sind in die Hauptstadt zurück: der Bischof hat sie zurückgerufen.

EUGEN: Und wieviel Meilen muß ich gehen bis ins nächste Dorf, zum Pfarrer?

1. ZÖLLNER: Fünf, Vater. Hier, nimm ein Stück Brot von mir, du mußt noch mehr als eine Stunde gehen. Sicher hast du heute noch nichts gegessen.

EUGEN: Nein.

1. ZÖLLNER: Hier, nimm das Brot, auch einen Schluck Wein, wenn du willst.

EUGEN: Ja, gern.

1. ZÖLLNER: Setz dich, hier ist auch der Wein.

(Aus dem Inneren des Zollhauses hört man ein Soldatenlied)

EUGEN: Hast du je von einem Dorf gehört, das Beguna heißt?

1. ZÖLLNER: Wir haben einen hier, der lange dort Gendarm war. Hallo, Simon, *(lauter)* Simon! Komm doch mal her. *(Gesang bricht ab)*

2. ZÖLLNER *(aus dem Inneren des Zollhauses)*: Ja, was ist denn? Wieder 'ne Frau, die 'n Schlauch Wein umgebunden hat?

1. ZÖLLNER: Komm doch mal 'raus.

2. ZÖLLNER *(näherkommend)*: Was ist denn los! – – 'n Abend!

1. ZÖLLNER: Du bist doch in Beguna Gendarm gewesen?

2. ZÖLLNER: Ja, fünf Jahre lang. Gott sei Dank bin ich weg dort, 'n ödes Kaff, nichts wie Krach um die Weiber und Saufereien . . .

1. ZÖLLNER: Wen suchst du denn dort – in Beguna, Vater?

EUGEN: Einen Mann, der Milutin heißt.

2. ZÖLLNER: Milutin? Nee, kenn' ich nicht. Den Namen gibt's bei uns gar nicht. Es läuft zwar allerhand fremdes Pack hier herum, aber einen Menschen, der Milutin heißt, habe ich noch nie getroffen. Was soll er denn sein – – ist er an der Grube?

EUGEN: Ich weiß nicht . . . vielleicht ist es der Pfarrer – – oder er ist in einem Kloster in Beguna?

2. ZÖLLNER: Nee, der Pfarrer, den kenn' ich, der heißt Hubert, und ein Kloster gibt es nicht in Beguna. *(Lacht)* Ein Kloster in Beguna! Nee, ich hab' keinen Milutin dort gekannt, aber es ist viel fremdes Volk zugezogen, seit ich weg bin.

1. ZÖLLNER: Hoffentlich hast du den weiten Weg nicht umsonst gemacht, Bruder. Wie lange bist du eigentlich schon unterwegs?

EUGEN: Zwei Wochen bin ich aus meinem Kloster in Suntor weg.

1. ZÖLLNER: Du bist aus dem Kloster Suntor?

EUGEN: Ja.

1. ZÖLLNER: Und wie heißt du?

EUGEN: Ich heiße Eugen.

1. ZÖLLNER: Eugen – Eugen – habt ihr gehört . . . dann bist du – der Vater Eugen vom Kloster in Suntor. –

EUGEN: Ja.

1. ZÖLLNER: Oh, wir haben schon viel von dir gehört – daß du die Sünderin Agnes bekehrt hast, und daß du deine Brüder in alle Welt geschickt hast, um den Armen zu helfen. Da du der Vater Eugen bist, bitte – gib uns deinen Segen . . .

EUGEN: Ich segne euch, meine Brüder, und ich danke euch für das Brot und den Wein.

(Akustikwechsel, raumlos)

EUGEN: Noch eine Weile unterhielt ich mich mit den Zöllnern, dann rüstete ich zum Aufbruch. Es war schon spät in der Nacht, und bis zum Kloster hatte ich noch einen weiten Weg. Aber als ich gerade gehen wollte, hielt ein Wagen vor dem Zollhaus. Es war der Bischof der Provinz Murdien. Er hatte von meinem Vorhaben gehört und war mir entgegengefahren, um mich zu begrüßen.

(Akustikwechsel, im Freien)

BISCHOF: Erteile mir deinen brüderlichen Segen, Eugenius, der Ruf deiner Heiligkeit ist von Suntor bis in die Hauptstadt der Provinz Murdien gedrungen. Ich habe von deinem Vorhaben gehört und freue mich, daß ich dich an der Grenze unserer Provinz empfangen kann. Das ganze Land weiß von deiner Weisheit, deiner Demut, deinem Leben in Gott zu berichten, und die Geschichte der Bekehrung der Sünderin Agnes wird in allen Schulen den Kindern erzählt.

EUGEN: Kränke mich nicht, Hochwürdigster, ich bin der niedrigste unter den Dienern Gottes.

BISCHOF *(eifrig)*: Es wird erzählt, du habest deine weite Reise unternommen, um den Menschen zu suchen, der dir gleichkommt.

EUGEN: Die Fabel hat sich ein wenig verändert, Hochwürdigster, ehe sie an dein Ohr drang. Ich bat Gott, mir den Menschen zu zeigen, der mir am ähnlichsten ist, und im Traum gab er meinem Mitbruder Raimund den Namen des Mannes bekannt.

BISCHOF: Und darf ich ihn erfahren?

EUGEN: Er heißt Milutin. Er wohnt in einem Dorf, das Beguna heißt, in eurer Provinz, in Murdien.

BISCHOF: Milutin? Ich habe den Namen nie gehört – – und Beguna ist nicht so weit entfernt von hier wie Suntor, woher du kommst. Dein Name aber ist hier jedem bekannt, und von Milutin habe ich noch nie gehört. Beguna steht nicht im Rufe großer Frömmigkeit. Es ist ein häßliches, schmutziges Dorf, in dem Sittenlosigkeit und Trunksucht herrschen.

EUGEN: Du kennst es, Hochwürdigster?

BISCHOF: Ich kenne es. Hubertus, mein früherer Mitbruder, ist dort Pfarrer; ich besuche ihn hin und wieder, aber ich muß dir gestehen, daß ich nicht oft und nicht gerne seiner Einladung folge. Viel fremdes Volk wohnt da, aus aller Herren Länder kommen sie, um in den Erzgruben zu arbeiten. Sie wohnen in schmutzigen Hütten, und selbst an den höchsten Feiertagen der Kirche trinken sie Fusel und geben sich mit Dirnen ab. Bist du sicher, daß der Ort, der dir genannt wurde, Beguna hieß?

EUGEN: Ich bin sicher, aber vielleicht gibt es einen zweiten Ort dieses Namens ...

BISCHOF: Das könnte möglich sein. Wenn es ihn gibt, wird mein Bibliothekar ihn finden. Wir werden sofort nachschauen lassen, wenn wir in meiner Residenz sind. Aber zuvor etwas anderes. Ich habe dir eine andere Überraschung zugedacht. Ich habe drei Menschen aus Murdien, die im Rufe großer Heiligkeit stehen, in meine Residenz holen lassen, damit dir unnütze Wege erspart bleiben, und du wirst sehen, wir werden Milutin bald gefunden haben.

(Akustikwechsel, raumlos)

EUGEN: Wir begegneten den drei Heiligen in der Residenz des Bischofs, doch keiner von ihnen war der, den ich suchte. Der Bischof war darüber sehr verwundert ...

(Akustikwechsel, innen)

BISCHOF: Du verwirrst mich sehr, Eugen. Du wirst sehen, niemand kennt deinen Milutin, und das Volk wird gekränkt sein, wenn du die Heiligen unseres Landes so schmähst.

EUGEN *(zaghaft)*: Ich schmähe sie ja nicht, Hochwürdigster. Ich habe Gott gebeten, mir den Menschen, der mir am ähnlichsten ist – ich habe ihn nicht gebeten, mir die Heiligen des Landes Murdien zu zeigen. Ich habe ihn nicht gebeten, mir einen Heiligen zu zeigen, sondern den Menschen, der mir am ähnlichsten ist auf dieser Welt ...

BISCHOF *(lachend)*: Und wer dir ähnlich ist, der muß doch wohl ein Heiliger sein ...

EUGEN: Immer mehr, je weiter ich weg bin von Suntor, je länger mein Weg wird und je mühsamer, immer mehr zweifle ich daran, ein Heiliger zu sein. Ich sehne mich nach diesem Mann, der Milutin heißt und in dem Dorf Beguna wohnt.

BISCHOF: Aber du wirst ihn dort nicht finden.

EUGEN: Dann darf ich dich bitten, mich in deine Bibliothek zu führen. Vielleicht finden wir einen zweiten Ort, der Beguna heißt.

BISCHOF: Versuchen wir es: Aber ich kann nicht recht glauben – an dein Beguna.

(Akustikwechsel, raumlos)

EUGEN: Bis tief in die Nacht saßen wir in der Bibliothek. Es war zwei Uhr, als ich müde ins Kloster meiner Brüder ging, um dort zu schlafen, und mein Herz war mir schwer geworden: wir hatten keinen anderen Ort gefunden, der Beguna hieß, und in der Bibliothek des Bischofs waren die neuesten Atlanten, die besten Nachschlagewerke. Keins dieser Bücher wies auf ein zweites Beguna hin. Als ich am anderen Morgen, bevor ich weiterzog, mich von den Brüdern des Klosters verabschiedete, sah ich Spott auf den Mienen einiger Brüder, und mein Herz war traurig. Unterwegs mied ich die Hauptstraße. Ich schlief am Abend nicht in einem Kloster, sondern ging in ein Dorf, das ich an der Straße fand. Ich war müde und traurig, und jemand wies mir im Dunkeln den Weg ins Pfarrhaus.

(Akustikwechsel. Innen, Klopfen an eine Tür)

PFARRER *(von drinnen)*: Ja – wer ist denn da . . .?

EUGEN: Ein wandernder Mönch.

PFARRER: Hat sich was mit wandernden Mönchen. Seit wann kommen wandernde Mönche durch unser Dorf? Ich kenne nur Gesindel, Lumpen und Säufer. Wie heißt du denn?

EUGEN: Ich heiße Eugen.

PFARRER: Sag nur noch, daß du der heilige Vater Eugen bist aus dem Kloster in Suntor. Von dem spricht man jetzt viel, er soll hier unterwegs sein.

EUGEN: Ich bin der Vater Eugen aus dem Kloster in Suntor.

PFARRER: Entweder bist du der größte Betrüger, der je hier durchgekommen ist – oder – – ja – dann möge Gott mich strafen!

EUGEN: Gott möge Euch nicht strafen.

PFARRER: Meinetwegen – komm herein. *(Tür. Verlegene Stille)* Verzeiht mir, Vater, aber wenn Ihr wüßtet, was sich hier so nachts auf den Straßen 'rumtreibt . . . Verzeiht mir – – aber beim Pfarrer klopfen sie immer zuerst. Tretet ein. Gebt mir die Ehre, Vater, bitte – hier – in mein Studierzimmer. Ja, Ihr müßt wissen, das ist noch nicht vorgekommen, seitdem ich hier Pfarrer bin. Noch nie hat ein Mönch an meine Tür geklopft, und ich bin hier schon zwanzig Jahre Pfarrer. Ihr müßt meine Grobheit verzeihen. Besuche von meinen Konfratres weiß ich vorher immer genau, und wenn einer mich nachts zu einem Kranken holt, höre ich an der Stimme, ob es einer aus dem Dorf ist oder ein Fremder, der mich betrügen will. Das Volk hier muß man kennen: nichts wie Saufen und Weiber und Kartenspielen, das ganze Wochenende Krakeel, aber wenn's ans Sterben geht, dann haben sie Eile, dann sind sie wie die Lämmer. Wohin seid Ihr eigentlich unterwegs? Man hat schon gehört, daß Ihr im Lande seid und jemand sucht.

EUGEN: Ich muß nach Beguna.

PFARRER: Beguna, das ist das übernächste Dorf, vier Stunden Weg noch – – aber was führt Euch dorthin?

EUGEN: Ich bin auf der Suche nach einem Mann, der Milutin heißt.

PFARRER: Ein Verwandter?

EUGEN: Nein.

PFARRER: Aber – einen Mitbruder werdet Ihr doch nicht in Beguna suchen, wie?

EUGEN: Nein.

PFARRER: Aber was . . . wie soll ich . . . könnt Ihr mir erklären, warum Ihr ihn in Beguna sucht?

EUGEN: Gott hat mir seinen Namen kundgetan. Ich habe darum gebetet.

PFARRER: Das verstehe ich nicht. Nein, wirklich – das versteh' ich nicht . . .

EUGEN (*sehr müde*): Viele Monate lang habe ich darum gebetet, den Namen des Menschen zu erfahren, der mir auf dieser Erde am ähnlichsten ist. Und da ist mir . . .

PFARRER (*lacht schallend*): Ist Euch ein Mann genannt worden, der in Beguna wohnt. Ich will Euch nicht kränken, Ehrwürdiger Vater, ich will nicht Gott kränken, aber hört und glaubt mir: Ihr seid getäuscht worden. In Beguna gibt es keinen einzigen Menschen, der dem heiligen Vater Eugen ähnelt, ihm auch nur im geringsten ähnelt, glaubt es mir. Wir sind grobe Menschen hier, ich sage Euch die Wahrheit. Ich kenne Beguna.

EUGEN: Ihr seid oft dort gewesen?

PFARRER: Oft? – Alle drei Wochen bin ich dort, mindestens alle drei Wochen, auch zwischendurch öfter, und ich wohne zwanzig Jahre hier. Genügt Euch das? Ich rate Euch, kehrt um: Ihr seid getäuscht worden . . . Wie sagtet Ihr gleich? Wie soll er heißen?

EUGEN *(sehr zaghaft)*: Milutin.

PFARRER: Ich kenne keinen Milutin in Beguna, hin und wieder gibt es den Namen, es ist ein grusischer Name, und es gibt nicht viele Grusen hier.

EUGEN: Auch ich bin ein Gruse.

PFARRER: Ich weiß. Im ganzen Sprengel, dessen Dechant ich bin, gibt es höchstens fünf Grusen. Sie sind – – nun, ja, sie zählen nicht zu den Frömmsten. Und in Beguna – – es gibt ein paar fromme Seelen dort, gewiß, der Kirchenbesuch steht bei 20% und das ist ein ganz guter Prozentsatz für unsere Gegend. Und ein paar wirklich fromme Seelen gibt es in Beguna, wirklich, ich muß sie ja schließlich kennen: da ist die Frau des zweiten Direktors, sie heißt Annemarie: die kommt jeden Tag in die Kirche, und überhaupt, sie ist ein guter Mensch und hat ein demütiges Herz. Ja – und dann gibt es den Lehrer, der heißt Heinz – – auch ein frommer Mann, der ein wenig im Geruch der Heiligkeit steht, schließlich den Pfarrer – – aber keine einzige von diesen Seelen heißt Milutin, überhaupt, die Grusen stehen nicht in gutem Ruf hier: Euch kann ich es ja sagen, Ihr werdet nicht gekränkt sein: sie sind schlapp, viele sind unterernährt, sie vertragen die harte Arbeit nicht, und so kommen sie schnell unters Fußvolk. Ihr könntet Euch den Weg nach Beguna sparen.

EUGEN: *(müde)*: Ich vertraue auf Gottes Antwort.

PFARRER: *(sehr freundlich)*: Ich glaube es Euch, Vater, ich will Euch nicht kränken, ich bin gewiß nicht würdig, Eure Füße zu küssen, ich bin kein Heiliger – – aber wenn Gott Euch einen Menschen nennen wollte, der Euch auch nur im geringsten ähnelt, nein, ich glaube doch: vielleicht hat Euch der Satan genarrt?

EUGEN: Seid Ihr so sicher, daß Ihr Beguna kennt?

PFARRER: Wirklich, ich kenne es, nicht jeden Menschen dort, nein, aber jede fromme Seele. Ich kenne jede fromme Seele im Umkreis von zwanzig Meilen. *(Lacht)* Sie sind gar nicht so zahlreich, daß man sie nicht kennen könnte.

EUGEN: Aber ob es einen Mann namens Milutin dort gibt, könnt Ihr mir nicht sagen.

PFARRER: Kann ich nicht sagen. Mag sein, daß es einen dort gibt, aber wenn es ihn gibt, ist es ein Gruse, und die Grusen – nichts für ungut – na, Ihr werdet sehen.

(*Akustikwechsel, raumlos*)

EUGEN: Ich schlief wenig in dieser Nacht. Mein Herz war von Trauer erfüllt, ich war verzweifelt, und mein Körper war zerschlagen von Müdigkeit. Ich bat Gott um Verzeihung, bat ihn um Erleuchtung und um die Gnade des Trostes. Ich warf mich auf den Boden meines Zimmers und weinte, und als ich endlich für wenige Minuten einschlief, kam die Dämmerung schon über die Berge. Da sah ich mich plötzlich auf einer endlosen weißen Straße, die wie durch Nebel zu führen schien, und neben mir ging ein Mann, der kein Gesicht hatte. Er trug Kleider wie ich, und obwohl er kein Gesicht hatte, schien mir immer, als lächele er mir zu. Ich sprach ihn an, aber er antwortete mir nicht. Wir gingen nebeneinander die endlose weiße Straße entlang, und als er sich plötzlich zu mir wandte, bekam er das Gesicht des Räubers Bunz, aber dieses Gesicht war so seltsam verschieden von dem Gesicht des Bunz, den ich gekannt hatte. Ich kauerte mich auf die Straße neben Bunz, kniete vor ihm, und nun sah ich aus der entgegengesetzten Richtung einen Zug von Männern kommen, der sich rasch näherte. Der erste der Männer war der Bischof von Murdien: sein Gesicht war ohne jede Hoheit, war ganz schmal und weiß vor Angst. Er kniete vor Bunz nieder, und ich erschrak vor der Strenge auf Bunzens Gesicht.

(*Akustikwechsel, im Freien*)

BISCHOF: Erbarme dich meiner, schenke mir Gnade.

BUNZ: Die einzige Gnade, die ich zu verschenken habe, ist die meines Herrn.

BISCHOF: Gewähre sie mir.

BUNZ: Ich kann sie dir nicht gewähren: sieben Menschen, die dir im Leben begegneten, hast du deine Liebe versagt: der erste war der Säugling einer Dirne. Er war von Lustseuche befallen, und sie hatte ihn im Vorhof deines Palastes ausgesetzt. Du hast die Nase über ihn gerümpft, und schließlich hast du ihn einem Spital übergeben, wo er starb. Der zweite war ein Dieb, der dem Hauptmann deiner Palastwache den goldenen Degenknauf stahl. Du hast nicht verhindert, daß die Soldaten deiner Wachkompanie ihn zu Tode prügelten. Der dritte Mensch, dem du deine Liebe versagtest, war eine Frau, die Jadwiga hieß. Sie war Schaffnerin in deinem Haushalt . . .

BISCHOF: Sie hat einen meiner Domherren verführt!

BUNZ: Du hast den Domherrn, der sich ihrer annehmen wollte, als sie schwanger war, in eine entfernte Pfarrei versetzt, Jadwiga aber hast du verstoßen. Du hast sie auf die Straße gejagt, und sie geriet in den Troß eines vorbeiziehenden Heeres. Nicht lange danach starb sie elend irgendwo am Wegesrand. Der vierte war . . .

BISCHOF: O schone mich, schone mich!

BUNZ: Ich bin nicht hier, um dich zu richten, nur um dein Gedächtnis aufzufrischen: gerichtet wirst du von dem Säugling, von dem Dieb, von der Dirne Jadwiga, von dem Diakon Julius und den drei anderen, deren du dich inzwischen erinnern wirst. Erinnerst du dich ihrer?

BISCHOF: Den Diakon Julius habe ich bestrafen lassen, weil er eine lange Predigt hielt über den Vers: Armen wird die frohe Botschaft verkündet. Es schien mir gefährlich, was er sagte.

BUNZ: Vieles erschien dir gefährlich, was ungefährlich war, und vieles ungefährlich, was gefährlich war. Die Vorsicht deines Herrn ist eine andere, und die dich richten, sind gnädiger, als du warst. Ziehe weiter: die sieben warten auf dich.

(Akustikwechsel, raumlos)

EUGEN: So sah ich im Traum viele Menschen an Bunz vorbeiziehen: es waren Könige darunter, Mönche, Soldaten, Handelsherren und zerlumpte Gestalten, denen er ihre Vergehen ins Gedächtnis rief, ehe sie weiterzogen, und als der Zug vorüber war, hob ich mein Gesicht gegen das strenge Antlitz von Bunz, ich hatte Angst, aber Bunz lächelte mir zu und sagte:

BUNZ: Laß dich nicht verwirren, mein kleiner Eugen, der Mann, den du suchst, heißt Milutin, und wohnt in dem Dorf, das Beguna heißt: morgen um die Abendstunde wirst du mit ihm zusammen sein.

EUGEN: Und ich erwachte und spürte in meinem Herzen wieder die Freude, die ich empfunden hatte, als ich zum erstenmal von meinem Bruder Milutin erfuhr. Ich erhob mich vom Boden meines Zimmers, wusch mich in klarem Wasser, kniete nieder und dankte Gott für die Erleuchtung, die er mir im Traum gewährt hatte. Im Hause des Pfarrers war es noch still. Ich schrieb meinen Dank auf einen Zettel und verließ leise das Haus. Unterwegs traf ich einen Mann, der ebenfalls nach Beguna wollte.

(Akustikwechsel, im Freien)

MANN: Schade, es gibt einen Mann in unserem Dorf, der Bier nach Beguna fährt. Er hätte Euch mitnehmen können. Ihr seid ein Mönch?

EUGEN: Ja.

MANN: Ein Priester?

EUGEN: Ja.

MANN: Kommt selten mal ein Mönch hier vorbei. Wir sehen nur immer den Pfarrer. *(Nach kurzem Schweigen)* Wir mögen ihn nicht, er mag uns nicht. Kommt einer von den Direktoren, zieht er den Hut bis an den Gürtel, kommt ein Meister, zieht er ihn bis auf die Brust, beim Krämer lüftet er ihn, und wenn unsereiner kommt, tippt er nicht einmal an den Rand, sondern blickt uns streng an und schreit: Wieder besoffen gewesen, was? Hat schon einmal ein Pfarrer einem Direktor auf der Straße zugerufen: Wieder besoffen gewesen, was? Auch die saufen nämlich, und der Pfarrer weiß es. Aber was sucht *Ihr* in Beguna?

EUGEN: Einen Mann, der Milutin heißt. Kennst du ihn?

MANN: Milutin? Milutin?

(Akustikwechsel, leise, dann stärker werdend Geräusche einer Kneipe. Dazwischen die Wirtin flüsternd)

WIRTIN: Milutin! He Milutin! Wach doch auf!

MILUTIN-MULZ: Ja – Was ist denn?

WIRTIN: Spiel was, Mensch, ich bezahl dich nicht, damit du schläfst, die Leute sollen trinken, los, sing was!

MILUTIN *(spielt und singt)*:

> Ich bin ein Gruse, bin ein Räuber,
> trinke mehr, als mir bekommt.
> Nichts hab' ich gelernt
> als Geigenspielen, Beutelschneiden,
> Kühe auf der Weide schlachten,
> und manchmal rupfe ich den Weizen,
> kaue ihn, wenn der Magen knurrt,
> verzeih mir, heilige Marie.

WIRTIN: Hör mit deiner heiligen Marie auf. Kein Mensch trinkt was, wenn er so was hört. Sing lieber was Lustiges. Los – sing!

MILUTIN *(singt)*:

> Als Jochen Brütt von Nachtschicht kam,
> zwei Stunden vor der Zeit,

lag seine Frau im Bett – im Bett –
doch lag sie nicht allein,
sie lag mit Jochens Bruder da,
sie war'n genau zu zwei'n.
So geht es, wenn die Frauen
ihr Herz zu weit auftun,
sie sollten sanft und friedlich
bei einem Mann nur ruhn.

RUFE: Weiter. Milutin, weiter!
MILUTIN:

Er schlug sie nicht,
er schrie auch nicht,
sprach leise nur: »steh auf«,
nahm still sein Messer aus dem Gurt
und stach sie einfach tot.
So geht es, wenn die Frauen
ihr Herz zu weit auftun,
sie sollten sanft und friedlich
bei einem Mann nur ruhn.

RUFE *(Gelächter, Applaus)*: Ein Bier für Milutin – – einen
Schnaps für Milutin – – Eine Runde für alle, auf mich, Milutin
soll das Lied vom armen Bauern singen! Los, Milutin, das
Lied vom armen Bauern!
MILUTIN *(singt)*:

Wir haben das Korn für die Reichen gedroschen,
ihre Schläuche mit Wein gefüllt,
sie hatten Schuh, wir trugen Galoschen,
unsern Durst hat keiner gestillt . . . *(Tür)*

(Plötzliche Stille – – atemloses Schweigen)
WIRTIN *(schüchtern)*: Sucht Ihr was, Vater?
EUGEN *(sehr leise)*: Ich bin beim Pfarrer gewesen, beim Bürger-
meister, fast in jedem Hause, aber niemand wußte etwas von
dem Mann, den ich suche. *(Noch leiser)* Erst jetzt fällt mir ein,
daß Mulz eine Form von Milutin ist: bei uns sagen die Mütter
Mulz zu ihren kleinen Söhnen, die auf Milutin getauft sind.
(Stille, dann)
MILUTIN *(der langsam näher kommt)*: Du wußtest nur, daß ich
Mulz hieß damals, aber hier habe ich mich Milutin genannt.
Suchst du mich?

EUGEN: Ja, ich bin weit gegangen, um dich zu sprechen.

MILUTIN: Sofort, Eugen?

EUGEN: Sofort, Mulz, wenn es geht.

MILUTIN: Es wird nicht gehen, Eugen. Sie werden mich nicht weglassen, ich werde dafür bezahlt, daß ich singe, und wenn ich nicht singe, trinken sie nicht.

EUGEN: Und wie lange mußt du singen?

MILUTIN: Bis alle weg sind, das kann spät werden, Eugen, sie haben heute Lohn bekommen. Bist du sehr eilig?

EUGEN: Jetzt nicht mehr, ich will gerne warten. Wird es später als Mitternacht?

MILUTIN: Viel später, mein kleiner Eugen ...

EUGEN: Warum sagst du kleiner Eugen zu mir, wie dein Vater damals?

MILUTIN: So sage ich zu allen, die nicht so schlecht sind wie ich ...

1. TRINKER: Nun mach schon voran, sing was, Milutin, beichten kannst du morgen ...

2. TRINKER: Laß die beiden in Ruhe, siehst du nicht, daß sie sich schon lange kennen?

MILUTIN: Es ist besser, du gehst jetzt, Eugen, das ist nichts für dich hier. Warte in meinem Zimmer auf mich, oder hast du ein anderes Quartier?

EUGEN: Ich habe kein anderes Quartier. Wo wohnst du?

MILUTIN: Bei der Witwe Baskoleit. Frag' dort nach meinem Zimmer, sie wird dich einlassen. Und warte bestimmt, ja?

EUGEN: Ich warte bestimmt.

WIRTIN (heftig): Los, Milutin, sing, sing wieder. Sing alle Lieder, die du kennst. Die Leute wollen was hören.

MILUTIN (singt):

> Ich bin ein Gruse, bin ein Räuber,
> trinke mehr als mir bekommt ...

(Langsam ausblenden, Akustikwechsel, raumlos)

EUGEN: Mulzens Kammer war einfach: ein Bett stand darin, statt eines Tisches hatte er eine Kiste, Stühle gab es nicht, und an der Wand war ein Nagel für die Geige. Neben dem Nagel war ein kleines Bild der Mutter Gottes angeheftet. Das Bild war einmal durchgerissen worden, und Mulz hatte es mit einem Klebestreifen wieder geflickt. Ich nahm es von der Wand und küßte es, denn war das Bild meines Bruders Milutin, das Bild des kleinen Mulz, mit dem ich zusammen oben in der Baitha gehockt hatte. Nicht der Bischof, kein Pfarrer und keine einzige von den frommen Seelen hatte ihn gekannt. Obwohl alles fremd für mich war, erinnerte es mich an meine Zelle im Kloster von Suntor, und als ich einige Minuten dort war, glaubte ich wirklich in meiner Zelle zu sein.

(Akustikwechsel, Kneipe, im folgenden Gesang eines Chores unterlegen, der leise, aber verständlich einen Vers singt, während die Stimme der Wirtin hart hineinspricht)

WIRTIN: Hier hab' ich was zu essen gemacht. Ihr habt doch sicher Hunger – – also, dann eßt erst mal ordentlich. Ich weiß ja nicht, was Ihr von Milutin wollt, ich will's gar nicht wissen, aber eins sage ich Euch: tut dem Mann nichts: der hat noch nie was Böses getan. Ach, was sag ich, nichts Böses getan: der Mann – das ist fast so etwas wie ein Heiliger. Nein . . . ich schäme mich nicht, das zu sagen. Wenn ich erzählen wollte, was ich noch keinem erzählt habe . . .

EUGEN: Erzählt es mir.

WIRTIN: Der verschenkt doch alles an die Kinder: die Kinder habt Ihr nicht gefragt, als Ihr den Milutin suchtet, nicht wahr? Jedes Kind hätte Euch sagen können, wo er wohnt. Manche halten ihn ja für ein bißchen dumm, weil er alles verschenkt und immer, wenn er Zeit hat, mit den Kindern spazierengeht. Aber ich glaube, was ich glaube: daß er ein halber Heiliger ist. Der Pfarrer hat's ja nicht gern, wenn er immer mit den Kindern zusammen ist, weil er so lange im Gefängnis gesessen hat.

EUGEN: Hat er im Gefängnis gesessen?

WIRTIN: Wußtet Ihr das nicht? Zehn Jahre hat der gesessen, und zehn Jahre ist er in die Grube arbeiten gegangen – – und zwanzig Jahre ist er schon bei uns . . .

EUGEN: Und keiner kannte ihn!

WIRTIN: Keiner kannte ihn. Ich sag Euch, es sind nur ein paar im Dorf, die ihn *nicht* kennen, aber gerade zu denen hat man Euch geschickt. Ich glaube nicht, daß der Pfarrer seinen Namen kennt . . .

EUGEN: Er kennt seinen Namen nicht. Er sagte nur: Ich kenne nicht alles Pack mit Namen.

WIRTIN: So! Und hat er Euch erzählt, der Pfarrer, daß einer von dem Pack, der Milutin nämlich, meinen Sohn hat studieren lassen? Priester wollte er werden, der Julius.

EUGEN: Julius?

WIRTIN *(weinerlich)*: Ach, es hat kein gutes Ende genommen mit ihm. Er hat Streit bekommen mit dem Bischof wegen seiner Predigten, und später, später . . . ja, er ist wohl verkommen und verdorben. Ich habe nichts mehr von ihm gehört: er soll unter die Soldaten gegangen sein. Und das, wo er schon Diakon war. Ach, ich könnte Euch so vieles erzählen, jeder weiß das hier: wie die Dame mit der Kutsche gekommen ist und hat hier – – *hier* im Zimmer vor dem Milutin auf den Knien gelegen, ihm gedankt . . .

EUGEN: Davon habe ich nichts gehört.

WIRTIN: Das wollen sie nicht wahrhaben – – aber es ist wahr: *hier* hat sie gekniet, geweint, hat dem Milutin gedankt, weil er . . .

EUGEN: Was hat er denn für sie getan . . .?

WIRTIN: Früher war er mal Räuber, das wißt Ihr vielleicht, und die Frau war in die Hände der Räuberbande gefallen, bei der Milutin war. Und als sie ihr dann was antun wollten, da hat er sie vor der Schande bewahrt. Sie muß eine junge und schöne Frau gewesen sein. Er hat sie heimlich befreit und hat ihr viel Geld gegeben. Das war eine Freude hier im Dorf, als die Frau hier war: sie hat dem Milutin das ganze Geld wiedergebracht, und er – was glaubt Ihr, was er damit getan hat? Er hat das Geld verschenkt – irgendeinem armen Teufel hier im Dorf hat er es geschenkt – ja, das hat er tun können, der Milutin . . . ich sage Euch, er hat nie jemandem was Böses getan, der Milutin, er ist ein guter Mensch . . .

(Akustikwechsel, raumlos)

EUGEN: Während ich auf Milutin wartete, dachte ich lange nach über den Satz: Viele wohnen im Haß, welche glauben, in der Liebe zu wohnen, und viele glauben, im Haß zu wohnen, welche in der Liebe wohnen. – – Da Milutin nicht kam, schlief ich ein, und als ich nach langem, tiefem Schlaf erwachte, schien die Sonne in mein Zimmer, und Milutin saß vor mir auf der Kante des Bettes . . .

(Akustikwechsel, innen)

MILUTIN *(leise)*: Die ganze Nacht habe ich darüber nachgedacht, warum du wohl die weite Reise gemacht hast, mich zu besuchen . . .

EUGEN: Ich habe Gott gebeten, mir den Menschen zu zeigen, der mir auf dieser Erde am ähnlichsten ist – und er hat mir deinen Namen genannt . . .

MILUTIN *(ärgerlich)*: Ich glaube, du willst dich über mich lustig machen . . .

EUGEN: Verzeih mir, aber ich sage es nicht, weil . . .

Milutin: Sei still. Du brauchst mir nichts zu sagen. Es ist mir auch gleich, warum du gekommen bist. Ich freu' mich, daß du da bist. Eigentlich habe ich mir immer gewünscht, dich mal wiederzusehen, denn es war schön – damals oben auf der Baitha –, wenn wir zusammensaßen, abends . . . Da, schau – kennst du das noch . . . ?

Eugen: Dein Tabak . . .

Milutin: Der Tabak, den wir auf der Baitha geraucht haben . . . Magst du ihn noch? Ich mach dir eine Zigarette davon . . .

Eugen: Seit damals hab' ich keine mehr geraucht.

Milutin: Dann rauch jetzt mit mir. Willst du?

Eugen: Ja . . . gib mir eine . . .

Milutin: Schmeckt sie dir?

Eugen: Ja, sie schmeckt mir.

(Akustikwechsel, raumlos)

Eugen: Sie schmeckte mir, die erste Zigarette, die ich seit fünfzig Jahren rauchte und die letzte in meinem Leben: wieder spürte ich die milde Würze des Räubertabaks tief hinten im Halse. Ich sprach nicht mehr viel mit Mulz. Er war müde, legte sich bald aufs Bett und schlief. Ich aber wanderte durch das schmutzige Dorf, sprach mit den Leuten, und mein Herz wurde traurig, denn viele Menschen in Beguna liebten Mulz, obwohl sein Name über die zehn Gassen, in denen die Armen von Beguna wohnten, kaum hinausgedrungen war. Mich aber, den sie fast alle kannten, schien niemand zu lieben. Ich wollte ihn mitnehmen ins Kloster, meinen Bruder Milutin, aber die Leute rotteten sich am Abend vor dem Hause zusammen, die Kinder stiegen aus ihren schmutzigen Betten und kamen in zerfetzten Hemden vor das Haus der Witwe Baskoleit, und Mulz lächelte mir zu und bat um Nachsicht. Ich ging aus dem Dorf weg, schlich mich über Nebenstraßen nach Grusien zurück, und auch auf den Gesichtern meiner Brüder in Suntor sah ich Spott, als ich heimkehrte, denn das Gerücht, ich sei getäuscht worden, war mir vorangeeilt. Niemand aber begriff, daß ich nicht getäuscht worden war. Ich zog mich in eins unserer Klöster oben in die Baitha zurück, hörte den Wind wie in meiner Jugend dort heulen, sah die mageren Euter der Kühe, und ich verbringe den Rest meines Lebens in Gebet und in Betrachtung über den Satz:

Viele wohnen im Haß, welche glauben, in der Liebe zu wohnen, viele glauben, im Haß zu wohnen, welche in der Liebe wohnen.

Zum Tee bei Dr. Borsig [1955]

Personen

Söntgen
Dr. Borsig
Franziska
Robert
Frau Borsig
Sekretärin
Diener

SÖNTGEN *(spricht langsam vor sich hin)*: Kannst du deinen Augen noch trauen? Kannst du deinen Augen noch trauen? Kannst du . . .
(Summton)
SÖNTGEN *(danach)*: Ja?
SEKRETÄRIN *(durchs Mikrophon)*: Sie hatten Herrn Direktor Dr. Borsig für zehn Uhr zu sich gebeten.
SÖNTGEN *(durchs Mikrophon)*: Ist er da?
SEKRETÄRIN: Ja.
SÖNTGEN: Bitte! Und keine Störung.
SEKRETÄRIN: Jawohl, Herr Präsident.
(Tür wird geöffnet und geschlossen)
DR. BORSIG: Herr Präsident --
SÖNTGEN: Setzen Sie sich – – bitte; Sie rauchen immer noch nicht?
DR. BORSIG: Nein, danke.
SÖNTGEN: Schön. *(Ausholend)* Ja, mein Lieber, ich habe sehr vieles auf dem Herzen. Zunächst mein Kompliment für die Becher-Denkschrift: das ist eine sehr gute, eine ausgezeichnete Arbeit. Sagen Sie, stimmt es, daß Sie dem jungen Mann, der sie zusammengestellt hat, die Original-Unterlagen mit nach Hause gegeben haben? Bechers Tagebücher und seine private Korrespondenz?
DR. BORSIG: Ja, es stimmt, Herr Präsident – – aber ich darf hinzufügen, daß inzwischen sämtliche Unterlagen wieder im Safe sind.
SÖNTGEN: Weiß ich – nur: finden Sie nicht, daß es recht leichtsinnig war, einem fremden, einem so jungen Mann diese Papiere auszuhändigen? Sie enthalten *(lacht)*, sie enthalten weiß Gott nicht lauter Komplimente für die ORAMAG.
DR. BORSIG: Es ist eine meiner Erfahrungen, daß nichts mehr bindet als großes Vertrauen in einer sehr heiklen Sache.
SÖNTGEN: Meiner Erfahrung nach bindet nur Geld – – oder Mitschuld.
DR. BORSIG: Aber es gibt Leute, die man noch fester bindet, indem man ihnen Gelegenheit gibt, sich *nicht* schuldig zu machen.
SÖNTGEN: Haben Sie ihm sehr viel Geld gegeben?
DR. BORSIG: Es gibt Dinge, die keinen Preis haben.
SÖNTGEN: Ach, das ist mir neu – – ich dachte, ich bin sogar sicher, daß alles seinen Preis hat.
DR. BORSIG: Verzeihen Sie – – nicht in jedem Fall.

Söntgen *(seufzend)*: Gut – – lassen wir das: ich hoffe nur, daß nicht irgendwo Fotokopien der Papiere existieren. Das wäre ein Fressen für die sunag. Nun, die Denkschrift ist gut so – – nichts von den heiklen Dingen, die in Bechers Tagebüchern zu finden waren, ist in die Denkschrift hineingeraten. Hatten Sie dem jungen Mann Richtlinien gegeben?

Dr. Borsig: Nein. Ich habe den Entwurf selbst zusammengestrichen. Leute dieser Art sind so merkwürdig empfindlich.

Söntgen: Und er hat die Streichungen hingenommen?

Dr. Borsig: Ich habe ihn nicht gefragt. Auch das gehört zu meinem Experiment mit diesem jungen Mann, auf den ich viel Hoffnung setze – – nähme er die Änderung ohne weiteres hin, so würde er mich enttäuschen – –. Sie wissen, daß man mit widerstandslosen Leuten auf die Dauer nicht arbeiten kann. Läßt er sich überzeugen, daß die Streichungen notwendig waren: dann werden wir ihn gebrauchen können. Es gibt noch die dritte Möglichkeit: daß er nichts mehr mit uns zu tun haben will. *(Leiser)* Es gibt wirklich Leute, die keinen Preis haben.

Söntgen *(lacht)*: Wenn Sie mal so einen auftreiben, so würde ich mich freuen, ihn kennenzulernen.

Dr. Borsig: Vielleicht können Sie heute nachmittag einen kennenlernen. Ich habe den jungen Mann zum Tee zu mir gebeten.

Söntgen: Es würde mich tatsächlich reizen – – ich denke – Übrigens würde mich interessieren, wie der Entwurf ursprünglich ausgesehen hat.

Dr. Borsig: Ich lasse Ihnen gleich den Entwurf bringen.

Söntgen: Über solche Dinge, die mir doch einigermaßen wichtig erscheinen, würde ich in Zukunft gerne unterrichtet, *bevor* sie erledigt sind.

Dr. Borsig: Sehr wohl, Herr Präsident.

Söntgen *(seufzend)*: Das wäre erledigt – nun etwas anderes . . . *(Summton)*

Sekretärin *(durchs Mikrophon)*: Herr Präsident?

Söntgen *(durchs Mikrophon)*: Bringen Sie bitte die Unterlagen über Prokolorit.

(Tür wird geöffnet und geschlossen)

Söntgen *(weiter)*: Danke – – bitte, bringen Sie mir in fünf Minuten einen Kaffee. Für Sie auch, Borsig?

Dr. Borsig: Ja, bitte.

Söntgen: Zwei also.

(Tür auf und zu)

Ich fürchte, Sie werden den Kaffee nötig haben. Das Wort Prokolorit hören Sie wohl nicht gern.

Dr. Borsig *(leise)* : Ich weiß, Prokolorit war ein Fehlschlag ... ich ...

Söntgen *(schneidend)* : Es *war* ein Fehlschlag, aber ich will nicht hoffen, daß Ihr »war« bedeuten soll, daß Sie Prokolorit aufgeben, Herr Dr. Borsig. Bei der ORAMAG gibt es keine Fehlschläge. Wenn Prokolorit bisher ein Fehlschlag war – – einer der schlimmsten, den die ORAMAG in ihrer Geschichte erlebt hat – – dann wird es bald aufhören, einer zu sein. Und es wird ein Erfolg wie Pantotal werden. *(Plötzlich leiser)* Ich hoffe, Sie verstehen.

Dr. Borsig: Ich hoffe, Sie werden mir erlauben, an Pantotal zu erinnern.

Söntgen: O ja, ich weiß. *Sie* haben Pantotal zu einem unserer größten Erfolge gemacht, ich weiß, und niemand in der ORAMAG wird das je vergessen, aber, mein lieber Borsig: Ihr Erfolg liegt zwanzig Jahre zurück – – seit dem glänzenden Start, den Sie Pantotal gegeben haben, läuft es wie Wasser weg. *(Lacht)* Ich könnte mir vorstellen, daß es sogar noch ginge, wenn wir Gegenreklame starteten – – schön, das war Pantotal ...

Dr. Borsig: *Ist* Pantotal, wenn Sie mir erlauben, Sie zu unterbrechen, Herr Präsident.

Söntgen: Meinetwegen: das ist Pantotal, aber jetzt geht es um Prokolorit. Lieber Borsig, wir haben fünfhunderttausend Schachteln produziert, von denen wir auf Anhieb fünfzigtausend verkauft haben. Aber dann kam nichts mehr, *nichts* – – das Zeug liegt wie Blei in unseren Lagern. Wir haben unseren Produktionsapparat darauf eingestellt, daß in acht Wochen die zweiten fünfhunderttausend hergestellt werden. Sie wissen, was das bedeutet?

Dr. Borsig: Ich habe mir erlaubt, die beste Werbung zu machen. Ich habe ...

Söntgen: Sie haben eine schlechte Werbung gemacht. *(Langsam)* Kannst du deinen Augen noch trauen? Glauben Sie, das wäre ein guter Slogan? Wer hatte damals eigentlich den großartigen Slogan für Pantotal gemacht?

Dr. Borsig *(zitiert)* : Bist du allein, bist du in Sorgen, bist du ...

Söntgen *(wütend)* : Hören Sie auf, Mensch, hören Sie auf! Es war ein guter Slogan, aber ich habe ihn mehr als hunderttausendmal gehört. Wer hatte ihn gemacht?

DR. BORSIG: Vincent Nadolt.

SÖNTGEN: Nadolt? Sagen Sie mal, war das nicht ein ziemlich bekannter Dichter? Hat er nicht den Staatspreis bekommen?

DR. BORSIG: Ja. Natürlich hat nie jemand erfahren, daß er den Slogan gemacht hat.

SÖNTGEN: Und wer hat den für Sinsolin gemacht?

DR. BORSIG: Auch Nadolt.

SÖNTGEN: Das war auch ein guter Slogan. Ja, und warum arbeiten Sie nicht mehr mit diesem Mann? Ist er zu teuer?

DR. BORSIG: Nein, er ist tot ...

SÖNTGEN: Ach ... richtig, kann mich erinnern. Aber gibt's keine anderen Dichter?

DR. BORSIG: Ich habe nicht nur der Denkschrift wegen das Vertrauen dieses jungen Mannes zu erwerben versucht.

SÖNTGEN: Wieso? Glauben Sie, er könne uns gute Slogans machen? Kann er was? Ich meine, ist er bekannt?

DR. BORSIG: Unter seinesgleichen ist er bekannt; man schätzt ihn – – und ich selbst glaube, daß er Einfälle hat; ja, er hat Phantasie, *(seufzend)* aber ich fürchte, er wird nicht mitmachen. Er – – – wissen Sie, diese Leute sind merkwürdig. Ich habe ihm für die Denkschrift zwei Monate Zeit, das Material, einen Mitarbeiter und tausend Mark gegeben. Er hätte es wahrscheinlich auch für fünfhundert getan. Wenn ich ihm Prokolorit erkläre, ihm sage, was es ist, wogegen man es anwendet – – es wird ihm vieles dazu einfallen, aber wenn ich dann sage: machen Sie mir einen guten Werbespruch und Sie bekommen dreitausend Mark – – dann wird er störrisch werden wie ein Esel. Er wird mißtrauisch.

SÖNTGEN: Na, dann bieten Sie ihm weniger, wenn er *(lacht)* durch zu viel Geld störrisch wird. Wie war denn dieser Nadolt?

DR. BORSIG: Zuerst war er auch heikel, aber als ich ihn einmal soweit hatte, da wußte er plötzlich, wieviel er wert war ... und er forderte Preise, die selbst einen abgebrühten Kaufmann nachdenklich gemacht hätten. Es ist so merkwürdig mit diesen Leuten: ihre Phantasie ist großartig, wir können ohne sie nicht auskommen – – aber es kommt dann ein Punkt, wo sich ihre Phantasie auch des Geldes bemächtigt ...

SÖNTGEN: Nun, Pantotal hat es wieder eingebracht – – bei Prokolorit müßte es sich zeigen. Wir *müssen* Prokolorit durchbringen, Borsig. *(Leiser)* Etwas wird auch Ihnen hoffentlich klar sein: alle Erzeugnisse, die unter Bechers Präsidentschaft herausgekommen sind, *alle*, mein Lieber, waren Erfolge. Prokolorit ist das erste, das unter meiner Präsidentschaft herauskommt – – und prompt ist es ein Reinfall. Es *muß* durch, Borsig. Versuchen Sie doch, mit diesem Burschen fertig zu werden . . .

Dr. Borsig: Ich habe ihn für heute nachmittag zum Tee eingeladen. Vielleicht liegt Ihnen daran, ihn kennenzulernen?

Söntgen: Es interessiert mich . . . ich . . . es ist so merkwürdig, daß wir diese Leute wirklich brauchen. Vielleicht wäre es besser, ihn fest anzustellen. Ich werde mir überlegen, ob ich nicht . . . natürlich möchte ich mich erst von seiner Qualität überzeugen.

Dr. Borsig: Sie kommen also zum Tee, Herr Präsident?

Söntgen: Ja, ich komme, es erscheint mir wichtig.

(Summton)

Sekretärin *(durchs Mikrophon)*: Kann ich den Kaffee bringen, Herr Präsident?

Söntgen: Ja, bringen Sie ihn.

(Tür wird geöffnet und geschlossen. Geschirr klirrt)

Söntgen: Danke sehr.

Dr. Borsig: Danke sehr.

Sekretärin: Bitte sehr.

(Tür auf und zu)

Söntgen *(lachend)*: Na, wenn er auch ein wenig spät kommt: trinken Sie den Kaffee. Schön, ich komme heute nachmittag zum Tee. Borsig, wir *müssen* Prokolorit durchbringen. Sagen Sie, ist Ihnen noch nie aufgefallen, welch eine merkwürdige Verkaufskurve unsere Erzeugnisse haben?

Dr. Borsig: Ich – – eh – – ich verstehe nicht.

Söntgen: Unser bestes Erzeugnis ist zweifellos Bramin: ein wirklich gutes Mittel gegen Erkältung. Wie wird es gekauft? Am schlechtesten – – unser schlechtestes Mittel ist Pantotal: es ist – – unter uns gesagt *(sehr leise)* na ja, wir verstehen uns *(lacht)* – – und die Leute reißen es uns aus der Hand . . .

Dr. Borsig: Tatsächlich eine schlechte Prognose für Prokolorit, Herr Präsident.

Söntgen: Dann wollen wir doch einmal versuchen, ob man nicht auch ein gutes Mittel gut verkaufen kann.

(Beide lachen laut, ganz nahe am Mikrophon)

(dann ausblenden)

(Etwa vom 5. Stock eines Hauses aus sind durchs offene Fenster die Geräusche eines Bahnhofs zu hören, der dem Haus gegenüberliegt. Durch den Straßenlärm hindurch, der gedämpft hinaufklingt, hört man hin und wieder die Stimme eines Ansagers im Bahnhof als monotones Gemurmel)

ROBERT *(spricht aus dem Hintergrund des Zimmers, wo er auf dem Bett liegt)*: Ich weiß nicht, was du willst. Jedes andere Mädchen würde sich freuen, wenn sein Liebster, Bräutigam, Verlobter – – nenn es wie du willst – – eine solche Einladung bekommt. Soll ich denn ewig hier herumhängen und für eine Arbeit, die mir keiner gleichmacht, schlecht bezahlt werden? Ich verstehe, daß du enttäuscht bist, weil du dich aufs Kino so gefreut hast. Aber daß du ernsthaft zu glauben scheinst, ich könnte *nicht* hingehen, das verstehe ich nicht. Ein wenig könntest du dich auch freuen.

FRANZISKA *(spricht vom Fenster her)*: Freust du dich denn so sehr? Bist du so ganz sicher, daß die Einladung ein Grund zur reinen Freude ist?

ROBERT: Ich möchte wissen, ob es einen einzigen Menschen gibt, der nicht dorthin gehen würde.

FRANZISKA: Wenn alle es tun würden, ist das kein Grund, es auch zu tun. Alles, was einem so ohne großen Widerstand zufällt, ist gefährlich – – aber du hast meine Frage nicht beantwortet: freust du dich so sehr?

ROBERT *(leise)*: Ach, nein, du weißt doch: ich mag diese Leute nicht, sie langweilen mich, aber ich kann mir die Chance nicht entgehen lassen. Denkst du nie an unsere Zukunft?

FRANZISKA: Zukunft? Die Gegenwart wird immer vernachlässigt um der Zukunft willen. Weißt du, wer mir das gesagt hat? Du hast es gesagt. Du hast mich gelehrt, mißtrauisch zu sein gegen Leute, die von der Zukunft sprechen . . . und nun, nun sprichst du es selbst aus und mit einer Stimme, einem Ernst, der mir fremd ist. Es klingt, als ob ein anderer es sagt. So bekannt klingt es und doch, indem du es sagst, für mich so fremd. Andere sprechen aus dir – – das macht mir Angst. Verstehst du nicht?

ROBERT *(seufzend)*: Vielleicht hast du recht: gib nur acht auf das, was ich sage – – aber ich verstehe nicht, warum du solche Angst hast, wenn ich hingehe.

FRANZISKA: Ach, ich habe mich so gefreut, ich habe dich überraschen wollen – – und jetzt . . .

ROBERT: Jetzt bist du wie ein trotziges Kind, dem man sagen muß, daß die Kirmes ausfällt. Daß die Luftballons geplatzt sind – – und der Regen die Farbe von den Karussellpferden wäscht . . .

FRANZISKA: Ich bin kein Kind mehr, aber vielleicht weiß ich noch, wie es ist, wenn man die Schule schwänzt: du wirfst die Last ab, die man Zukunft nennt – – schneidest das Band durch, das dich mit dem anderen Gesicht, mit der Vergangenheit verbindet – – und du bist plötzlich in einer unendlich erscheinenden Gegenwart. Ich hatte gar kein sehr gutes Gewissen, als ich dem Chef sagte, ich müßte zum Arzt. Er tat mir sogar leid, weil so viel zu tun war – – aber als ich dann im Zug saß und wußte, daß ich um vier Uhr bei dir bin, war ich so froh: einen ganzen Nachmittag, einen ganzen Abend gewonnen . . . es schien mir nicht mehr so wichtig, daß die Kontoauszüge hinausgehen: Züsserli in Bern, Froitzheim in Köln, Brehmke in Berlin, ich denke auch, sie freuen sich über diese Verzögerung, denn ihre Kontoauszüge werden ihnen keine Freude machen . . .

ROBERT: Du machst es dir leicht. Ich weiß nicht: es mag sein, daß die Erwachsenen unfair gegen die Kinder sind, aber die Kinder sind auch unfair gegen die Erwachsenen: Eure Argumente sind zu groß: Gegenwart – – Karussell – – der Wind – – die Sonne und das Wasser, Gott selbst: alles wird in Bewegung gesetzt.

FRANZISKA: Eure Argumente, sagst du? Glaube mir, ich bin kein Kind mehr . . .

ROBERT: Dann müßtest du wissen, daß ich nicht leichten Herzens zu Borsig gehe, gerade an dem Tag, an dem du mich überraschen wolltest . . .

FRANZISKA: Du willst also hingehen?

ROBERT: Meinst du wirklich, ich könnte noch absagen? Meinetwegen hat er doch Söntgen dazu eingeladen.

FRANZISKA: Deinetwegen? Das glaubst du! Ich glaube nicht, daß Borsig irgend etwas um eines anderen als seiner selbst willen tut.

ROBERT: Glaubst du wirklich, ihn so genau zu kennen?

FRANZISKA (wendet sich ganz ins Zimmer): Merkwürdig: seit dem Tag, an dem du zum erstenmal dort warst, ist der Ton deiner Stimme ein anderer geworden.

ROBERT: Du warst doch mit mir dort, hast die Leute gesehen, mit ihnen gesprochen.

FRANZISKA: Ja, ich habe sie gesehen, ich habe mit ihnen gesprochen, ihren Tee getrunken und ihre Zigaretten geraucht, ihr Gebäck gegessen. Was wir Brot nennen, nennen sie trockenes Brot; was wir Wein nennen, ist bei ihnen eine Marke – – sie trinken nicht Wein, sondern Jahrgänge und Ortsnamen – – und ist es nicht eine Gemeinheit, Brot trockenes Brot zu nennen? Ach, wenn du wenigstens über sie lachen würdest . . . was gehen uns diese Leute an?

ROBERT: Ja, früher habe ich über sie gelacht – – aber merkwürdig: das könnte ich jetzt nicht.

FRANZISKA: Bevor ich sie kannte, hatte ich Angst vor ihnen, aber seitdem ich sie kenne, habe ich nur noch Angst um dich.

ROBERT: Ich verstehe dich – – weißt du, jemand von diesen Leuten – – ich weiß nicht mehr, wer es war – sprach fünf Minuten lang mit mir über Suchok – – ich wußte gar nicht, worum es sich handelte, entnahm nur dem Gerede, daß es ein Hotel oder ein ganz kleiner Ort sein müßte. Ich kam gar nicht dazu, zu sagen, daß ich Suchok nicht kenne – – aber ich konnte auch nicht darüber lachen. – Hast du wirklich Angst um mich oder bist du eifersüchtig?

FRANZISKA: Eifersüchtig war ich auf das Mädchen, mit dem du dich im Sommer immer trafst: sie war so hübsch, sie war klug und wirklich nett, und ich fürchtete, du könntest für immer mit ihr gehen – – aber auf diese Suchok-Leute kann ich nicht eifersüchtig sein: es macht mich nur traurig, weil ich vielleicht glauben muß, daß du nicht der bist, für den ich dich hielt. Ich habe einfach Angst um dich.

ROBERT: Nicht auch um dich?

FRANZISKA: Auch um mich. Bald werde ich, wenn ich überhaupt noch einmal herkomme, allein in diesem Fenster liegen, werde allein dem Bahnhof lauschen, dem wir so oft zusammen gelauscht haben . . .

ROBERT: Schon sprichst du so, als ob es nie mehr sein würde.

FRANZISKA: Es wird nie mehr so sein.

ROBERT: Noch hast du es gar nicht der Mühe wert gehalten, mich zu fragen, *weswegen* ich heute zu Borsig muß.

FRANZISKA: Ich weiß: zum Teetrinken – – aber es wird der bitterste Tee deines Lebens sein, und er wird teuer sein: jeden Schluck, den du trinkst, wirst du bezahlen müssen.

ROBERT: Wie schön du prophezeien kannst. Ich wußte noch nicht, wie schlau du bist. Wüßte ich nur, woher die Weisheit kommt.

FRANZISKA: Sie kommt aus meinen Ohren, kommt aus meinen Augen: ich habe ihre Gesichter gesehen, ich habe die Stimmen dieser Leute gehört, und ich bin sicher, daß sie etwas von dir wollen, wozu du dich nicht hergeben solltest . . .

ROBERT: Aber was es ist, weißt du nicht? Ach, das alles hört sich für mich so ein wenig nach Buhmann an, eine dunkle Gefahr, die auf mich wartet, aber wenn ich ausweiche, wirst du nie wissen, ob deine Angst um mich gerechtfertigt war.

FRANZISKA: Du weißt also nicht, daß es eine wirkliche Gefahr ist?

ROBERT *(schweigt)*

FRANZISKA: Weißt du es?

ROBERT: Bin ich in einem Verhör?

FRANZISKA: Sei froh, wenn du nie von jemand anderem als von mir verhört wirst.

ROBERT *(steht auf, spricht etwas näher)*: Ach, ich möchte lieber mit dir ins Kino gehen, ich möchte die Frau sehen, die den Mann liebt, der sie nicht liebt, möchte nachher mit dir Limonade trinken, grün müßte sie sein, kalt . . .

FRANZISKA: Es würde nichts mehr ändern. Und du würdest die ganze Zeit über an die größte Chance deines Lebens denken, die dir entgangen ist.

ROBERT: Es ist wirklich die größte Chance meines Lebens.

FRANZISKA: Geh hin und nimm sie wahr.

ROBERT: Und was wirst du tun?

FRANZISKA: Ich werde warten, ich werde dem Bahnhof lauschen, in die Dachrinne hinunterschauen, ich werde Zigaretten rauchen und zusehen, wie der Regen die Stummel wegspült. Wenn du bis zehn nicht kommst, werde ich glauben müssen, daß du den Preis bezahlt hast.

ROBERT: Ich glaube, du hast recht: es wird nie mehr sein, wie es war. Und du bist klug: wenn ich zu Borsig gehe, wird die Erinnerung an das, was *nicht* war – – sie wird nicht auszulöschen und sie wird schön sein. Immer werde ich an den Film denken, den ich nicht gesehen, an die Limonade, die ich nicht getrunken habe, an die Stunden, die ich bei diesen Burschen verbracht und die ich mit dir hätte verbringen können – – du bist klug . . .

FRANZISKA: Du mußt jetzt gehen, *wenn* du gehst.

ROBERT: Merkwürdig, wie sich alles gewendet hat: erst schien es, als seist du untröstlich darüber, daß ich gehe – – nun schickst du mich weg.

Franziska: Noch etwas: nimm Blumen mit für Frau Borsig.

Robert: Ach, jetzt bekomme ich sogar noch Anstandsunterricht . . .

Franziska: Nein – – aber das wirst du vielleicht nicht glauben – – es ist, weil sie so nett war zu mir. Und dich mag sie auch . . . ich sprach länger mit ihr, als wir da waren. Wird sie dabei sein?

Robert: Ich weiß nicht. Also auf Wiedersehen. *(tritt näher)*

Franziska: Vergiß die Blumen nicht – – und denke an Suchok – versprichst du es mir?

Robert: Ja.

Frau Borsig: Reizende Blumen haben Sie mir mitgebracht, es ist sehr aufmerksam von Ihnen – – aber sagen Sie mir, warum haben Sie das junge Mädchen nicht mitgebracht, das neulich mit Ihnen hier war?

Robert: Franziska . . . der Herr Doktor sagte mir nicht, daß ich sie mitbringen solle. Und außerdem, es ist, ich habe . . .

Frau Borsig: Was haben Sie?

Robert: Ich habe mich mit ihr gestritten.
(Klopfen an die Tür)

Frau Borsig: Ja, kommen Sie herein.

Diener: Der Tee, gnädige Frau.

Frau Borsig: Danke – –
(Serviergeräusche)

Frau Borsig *(dann)*: Was ist noch? Warum warten Sie?

Diener: Gnädige Frau, ich . . . es ist mir sehr . . . *(hüstelt)* aber ich habe von Herrn Doktor die strikte Anweisung, darauf zu achten, daß Sie sich schonen, Sie wissen, der Arzt . . .

Frau Borsig: Ich weiß, was der Arzt gesagt hat, ich werde mich gleich wieder zurückziehen, werde gleich wieder ins Bett gehen . . .

Diener: Soll ich nicht für Sie mitdecken, zum Tee drinnen im Herrenzimmer?

Frau Borsig: Nein, nicht für mich. Machen Sie sich keine Sorgen . . . lassen Sie uns jetzt bitte allein.
(Tür wird geöffnet und geschlossen)

Frau Borsig *(gießt ein)*: Nehmen Sie Milch in den Tee?

Robert: Danke, nein.

Frau Borsig: Zucker?

Robert: Danke, nein.

Frau Borsig: Als Sie zuletzt hier waren, nahmen Sie Zucker in den Tee.

ROBERT: Ich finde, er schmeckt ohne Zucker besser.

FRAU BORSIG: Schön. *(In plötzlich verändertem Tonfall)* Geben Sie acht, daß Sie immer genau wissen, wie Ihnen der Tee wirklich am besten schmeckt. Es ist schwer, das genau zu wissen; man quält sich damit ab, einen Stil zu finden. Ich lernte einmal jemand kennen, der unbedingt einen rohen Eidotter im Tee haben mußte, *unbedingt* ... wenige Tage später ertappte ich mich dabei, daß ich auch einen rohen Eidotter im Tee haben mußte, *unbedingt*. Es schmeckte mir abscheulich, aber ich trank es. Ich aß Käsesorten, vor denen ich mich, solange ich mich erinnern konnte, geekelt hatte; ich ekelte mich weiter vor ihnen, aber ich aß sie, weil jener sie aß. *(Plötzlich wieder in nüchternem Ton)* Wissen Sie, wie jener hieß? Es war Otto Sansel.

ROBERT: Der Dichter? Sie haben ihn gekannt?

FRAU BORSIG: Er war der Freund meines Vaters: damals war er schon über sechzig: weißhaarig, groß – – ein schöner Mann, mit einer dunklen Stimme: der Typ, den man 1913 Schwerenöter genannt und vor dem Mütter ihre Töchter vergeblich gewarnt hätten ... ich trank einen rohen Eidotter im Tee, vier Wochen lang, bis mein Vater mir eines Tages die Tasse mit dem Eidotter vom Teller schlug. *(Lacht)* Sie können den Fleck heute noch sehen, wenn Sie wollen: der Teppich liegt jetzt im Bügelzimmer: ein historischer Teppich, *(feierlich)* der Teppich, den Vincent Nadolt befleckte.

ROBERT: Ihr Vater – – war – – Vincent Nadolt?

FRAU BORSIG: Ja, er war mein Vater.

ROBERT: Tausende, Hunderttausende verehren ihn heute noch.

FRAU BORSIG: Millionen sind einmal der beschwörenden Kraft seiner Verse erlegen.

ROBERT: Verzeihen Sie: ich wußte nicht, daß die Auflagen – – daß der Kreis seiner Verehrer so groß ist.

FRAU BORSIG: Woher sollten Sie es wissen: Sie brauchen sich nicht zu entschuldigen, die Millionen, die der beschwörenden Gewalt seiner Verse erlegen sind, wissen gar nicht, daß sie ihm – – daß sie Vincent Nadolt – – erlegen sind. Er hat die Werbesprüche für Pantotal gemacht. Es ist bisher ein Geheimnis gewesen, aber Sie hätten es doch gleich erfahren, mein Mann oder Söntgen hätten Sie in dieses Geheimnis eingeweiht ...

ROBERT: Ich verstehe nicht, warum Sie mir das anvertrauen. Es ist natürlich ein Schlag für mich, zu erfahren, daß der Verfasser von »Entwurzelte Ferne« identisch ist mit dem Verfasser der Werbesprüche für Pantotal. Der Schlag sitzt, aber ich weiß nicht, warum ich ihn empfangen habe.

FRAU BORSIG: Darauf kann ich Ihnen eine genaue Antwort geben: weil ich einige sehr gute Gedichte von Ihnen gelesen habe. Ich habe alles von Ihnen gelesen; es ist dem Umfang nach nicht viel, aber ich habe es nicht vergessen, obwohl ich es vor einem Jahr gelesen habe. *(Spricht leise)* Wenn die große Flut kommt, werden in den Klassenzimmern die Schulbänke an der Decke schwimmen, in den Glockenstühlen werden Haie wohnen: in der Radiostation werden noch Bänder ablaufen und erstaunte Heringe werden dem Vortrag über das Wesen der Kunst lauschen – – aber die Heringe werden nichts verstehen . . .

ROBERT: Bitte, sprechen Sie nicht weiter, ich bitte Sie . . .

FRAU BORSIG: Sie hören es nicht gern, das glaub' ich, es gefällt Ihnen nicht mehr? auch das glaub' ich, aber *mir* gefällt es, und *Sie* haben es geschrieben. Und ich weiß, daß die Werbung für Prokolorit bisher schiefgegangen ist und man einen neuen guten Mann sucht. *(Spricht leise weiter)* Alle Geschäfte werden schlecht gehen, am schlechtesten aber das Grundstücksgeschäft . . . Schön, ich höre auf, ich will Sie nicht quälen. *(Hustet lange und heftig)*

ROBERT: Sie sind krank, gnädige Frau, Sie sollten sich wirklich schonen.

FRAU BORSIG: Ja, ich bin krank, aber ein paar Minuten müssen Sie mich noch ertragen. Sagen Sie mir, worüber haben Sie sich mit Franziska gestritten?

ROBERT *(zögernd)*: Es gab verschiedene Gründe. Schon seit einiger Zeit gab es – – nun, gab es eine Krise zwischen uns. Es würde lange dauern, wenn ich Ihnen alles erklären wollte.

FRAU BORSIG: Es geht mich nichts an, lassen Sie nur. Sie müssen mir meine Erregung verzeihen – – aber, was Sie geschrieben haben, erinnert mich so sehr an das, was mein Vater schrieb, bevor er die Slogans für Pantotal schrieb: zwanzig Jahre fast auf den Tag ist es her, daß etwas geschah, was mich an diesen Tee heute nachmittag erinnert: mein Vater war damals vierzig, und er war bekannt – – mein Mann war damals fünfundzwanzig, so alt wie Sie jetzt sind: er war zum Tee bei uns eingeladen, weil er eine Dissertation über meinen Vater geschrieben hatte – aber wir wußten nicht, daß er eben die Leitung der Werbeabteilung bei der ORAMAG übernommen hatte. Sie können sich die Ohren zuhalten, Sie dürfen mich für überspannt halten – machen Sie, was Sie wollen – – Sie können die zehn Minuten, die Sie bei mir gesessen haben, für verloren halten, aber *ich* mußte es Ihnen sagen. Außerdem bin ich ein wenig erschrocken gewesen, als Sie so viel Entgegenkommen mit der Becher-Denkschrift zeigten.

ROBERT: Ich habe kein Entgegenkommen gezeigt.

FRAU BORSIG: Aber sie ist doch mit sehr wesentlichen Veränderungen erschienen.

ROBERT: Veränderungen? Ich habe sie noch gar nicht gesehen – – ist sie denn erschienen?

FRAU BORSIG: Bitte, stehen Sie auf, gehen Sie drüben ans Regal, rechts neben der roten Hofmannsthal-Ausgabe liegt ein kleines Paket: zehn Exemplare der Denkschrift, die gestern erschien. *(Stille. Robert macht einige Schritte, kommt zurück)*

ROBERT *(liest)*: Werner Becher, Baron von Bukum, ein Leben für die ORAMAG. Zusammenstellung des Textes von Robert Wilke – – aus einfachen Verhältnissen stammend, sein Vater war Schrankenwärter, zeigte Werner Becher schon früh jene Begabung, die das Genie auszeichnet. *(Mit veränderter Stimme)* Aber da fehlen ja – das habe ich nicht geschrieben – – da fehlt alles, was Bechers Leben zu einem besonderen Leben macht – – das ist ja nur verwaschenes Zeug.

FRAU BORSIG: Machen Sie kein Drama draus: erschienen wäre Ihr Manuskript niemals so wie es war. Das können Sie der ORAMAG wirklich nicht zutrauen. Regen Sie sich nicht auf: Becher war ein Gangster, aber er wußte, daß er einer war. Das unterscheidet ihn von Söntgen . . .

ROBERT: Aber man hätte mich fragen müssen.

FRAU BORSIG: Natürlich hätte man Sie fragen müssen, aber vergessen Sie nicht, daß Sie Geld genommen haben.

ROBERT *(leise)*: Franziska scheint recht gehabt zu haben.

FRAU BORSIG: Was sagte sie?

ROBERT: Oh, sie war böse, weil sie mich hatte überraschen und mit mir ins Kino gehen wollen. Sie sagte fast dasselbe, was Sie sagen.

FRAU BORSIG: Franziska sieht aus wie die Tochter, die ich immer haben wollte.

ROBERT: Aber Sie haben doch Töchter, reizende Töchter, wenn ich das sagen darf.

FRAU BORSIG: Oh, wie gut Sie Konversation machen können, nachdem Sie gerade entdeckt haben, wie sehr man Sie betrogen hat. Ich habe reizende Töchter, ja – – aber ich rate Ihnen: gehen Sie ans Telefon, rufen Sie sich ein Taxi. Warum bleiben Sie noch hier?

ROBERT: Glauben Sie wirklich, ich könnte gehen? Warum ich bleibe? Ich weiß nicht; ich habe einfach keine Angst. Ich werde vielleicht eine schlechte Figur abgeben, aber ich will es wissen – – ich habe soviel Zeit . . .

FRAU BORSIG: Geben Sie acht mit der Zeit: Stunden vertan, Tage verpafft wie eine Zigarette – – Jahre gehen an Ihnen vorüber wie ein mittelmäßiger Film, und eines Tages sehen Sie, daß Sie Töchter haben, die aussehen wie Filmstars, die Ihnen immer unsympathisch waren – – und es bleibt Ihnen nichts als das, was man ein geschmackvolles Heim nennt: Sauberkeit, Ordnung, alles am rechten Platz – und morgens, wenn Sie erwachen, der Brechreiz, von dem Sie nicht wissen, woher er wohl kommen mag – – wollen Sie nicht der erste Mensch sein, der einen Rat annimmt? Sie sind wie die dummen Jungen, die wissen wollen, wie der Krieg ist, obwohl die Väter ihnen erzählt haben, wie er ist: schmutzig und sinnlos, verklärt nur durch die Toten: Engel, die im Schlamm ersticken. Wollen Sie den tödlichen Kreislauf nicht unterbrechen: nicht erfahren, nicht wissen, sondern glauben, daß die Zeit, die Sie beim Tee verbringen werden, verschwendet ist?

ROBERT: Ich danke Ihnen; nein, ich bin neugierig – lassen Sie mich. – Schade nur, daß Sie nicht dabei sind . . .

FRAU BORSIG: Ich kann nicht, ich kann ihre Stimmen nicht mehr hören, kann ihre Gesichter nicht mehr sehen; ich werde wegfahren, ich werde weit wegfahren. Lassen Sie mich Ihnen noch etwas sagen, etwas, was mein Vater mir schrieb, bevor er starb. Wollen Sie es hören?

ROBERT: Ja, sagen Sie es mir.

FRAU BORSIG: Als ich jung war – – schrieb mir mein Vater – – lernte ich unrasierte Schwindler kennen: Männer, die schlechte Bilder malten, schlechte Verse schrieben, Männer, die Rasierklingen mit einem Wert von 2 Pfennigen für 10 Pfennige verkauften – – später lebte ich in einer Welt, wo die Schwindler rasiert waren: Männer, die schlechte Bilder malten, schlechte Verse schrieben, Männer, die Gegenstände mit einem Wert von 2 Pfennigen für eine Mark verkauften – als ich älter wurde, zog ich die Welt der unrasierten Schwindler wieder der der rasierten vor.

(Ein Auto hält vor dem Haus – Stimmen – Lachen im Flur)

FRAU BORSIG *(leiser)* : Nun, treten Sie ein in die Welt der rasierten Schwindler.

(In der folgenden Szene klirrt hin und wieder eine Tasse, wird ein Streichholz angezündet usw.)

SÖNTGEN: Für mich, der ich Werner Bechers engster Freund war, nun sein Nachfolger bin, war es von außerordentlichem Interesse, lieber Herr Wilke, Ihre Arbeit über meinen verehrten, väterlichen Freund zu lesen. Ich freue mich, Sie kennenzulernen . . .

ROBERT: Es war eine Überraschung für mich, Herr Präsident, die Arbeit schon gedruckt zu sehen. Ich dachte – – ich habe damit gerechnet, daß man mir Gelegenheit geben werde, die Änderungen zu beobachten. Tatsächlich scheint mir, daß man der Persönlichkeit des Herrn Baron von Bukum nicht ganz gerecht geworden ist.

SÖNTGEN: Ich freue mich, daß Sie Ihr Manuskript verteidigen, daß Sie zu Ihrer Sache stehen. Das Gegenteil hätte mich enttäuscht. *(Lacht)* Ich gratuliere Ihnen: Sie haben Schneid.

DR. BORSIG: Die Schuld trifft mich, lieber Wilke, aber wenn ich Ihnen keine Gelegenheit gab, die Änderungen gutzuheißen, so hatte ich einen triftigen Grund: es fehlte an Zeit: Sie wissen, daß schon in vier Tagen Bechers Geburtstag ist . . .

SÖNTGEN: Wir haben Ihnen großes Vertrauen geschenkt, indem wir Ihnen Material übergeben haben, das unserem Konzern empfindlich, *sehr* empfindlich hätte schaden können, wenn es auf irgendeine Weise in die Hände der Konkurrenz gekommen wäre. Stellen Sie sich vor, Sie wären auf die Idee gekommen, etwa Bechers Tagebücher, die recht merkwürdige Eintragungen enthalten, der SUNAG zu verkaufen.

ROBERT: Ich wüßte nicht, daß ich Anlaß gegeben hätte . . .

SÖNTGEN: Ich habe Sie nicht verdächtigt, ich habe nur die Möglichkeit erwogen, daß Sie hätten verdächtig sein können. Ich selbst, mein Lieber, habe Dr. Borsig vor dem Vertrauen, das er Ihnen schenkte, gewarnt – – aber heute billige ich dieses Risiko, weil es uns den Beweis Ihrer Vertrauenswürdigkeit erbracht hat: eine Tatsache, die wir zu schätzen wissen.

DR. BORSIG: Da Sie mit soviel Schneid Ihr Manuskript verteidigen: lassen Sie mich noch sagen: hätten wir dem Publikum die Denkschrift über den Gründer ohne Korrekturen vorgelegt, so hätten wir zweifellos das Bild eines weisen, eines sehr originellen Menschen vermittelt, eines Menschen, der im Alter zu beachtlichen philosophischen Erkenntnissen über die menschliche Existenz kam: eines Skeptikers von Format, könnte man sagen: gut – – aber diese Aufgabe wäre eine ausgesprochen literarische gewesen – – doch, mein Lieber – *(in plötzlich verändertem Tonfall)* glauben Sie, wir hätten dann auch nur eine Packung Sinsolin mehr verkauft oder eine Schachtel Pantotal?

ROBERT *(leise)*: Es ist mir nicht klar, wieso Sie mir Vertrauen in einer so wichtigen Sache wie der Becher-Denkschrift geschenkt haben.

SÖNTGEN *(ernst)*: Der Grund ist ein einfacher: Ihre ausgezeichnete Arbeit hat uns auf den Gedanken gebracht, daß es interessant sein könnte, ein Archiv anzulegen, in dem wir stets Material bereithaben, das sich zur Information über die Zwecke unseres Konzerns eignet.

DR. BORSIG: Konkret gesprochen: es ist schon eine Binsenwahrheit geworden, jeder Straßenjunge, jede einfache Hausfrau spürt es: wir leben im Zeitalter der Public relations. Ein enormer Ideenreichtum wird entwickelt. Aber diese Ideen, Werbesprüche, die wie Geistesblitze aussehen – kleine Geschichten, die wie das Zufallsprodukt einer geschickten Feder wirken: alle diese Dinge entstehen in harter und nüchterner Arbeit: auf Grund von Statistiken, nach Einsicht in eine Fülle von Material. Sie, lieber Wilke, sollen für uns dieses Material sammeln, es auswerten – – ich glaube, ich kann Ihnen versichern, daß es keine langweilige Arbeit sein wird.

SÖNTGEN: Nehmen Sie ein Beispiel: wir haben einen neuen Artikel entwickelt: ein Präparat, das die Menschheit vor der Gefahr der Farbenblindheit schützt. Stellen Sie sich vor, jetzt, wo unser gesamtes Straßennetz mit Ampeln versehen ist: Grün – Rot – Gelb – – stellen Sie sich vor, jetzt würde die Farbenblindheit plötzlich um sich greifen: die Autofahrer würden bei Rot durchfahren, bei Grün stoppen . . . die Folgen würden unabsehbar sein . . .

ROBERT: Aber ich sehe nicht, was ich tun könnte oder tun sollte, um ein solches Präparat zu propagieren . . .

DR. BORSIG: Ihre Aufgabe würde es sein, den Leuten die Folgen der Farbenblindheit in allen ihren Schrecken auszumalen: Wir – – wir kennen die Fakten – – Sie müßten Ihre Phantasie in Bewegung setzen, um die Gefahr gleichsam menschlich greifbar zu machen: eine bloße Unfallmeldung regt die Leute nicht

auf, aber eine winzige Geschichte, mit den Elementen des All-
tagslebens durchsetzt – –

SÖNTGEN: So etwas, was jedem passieren könnte: das kapieren
die Leute. Sehen Sie: wir haben Unterlagen über einen Fall
von plötzlicher Farbenblindheit: Ein Vertreter wurde das
Opfer eines Verkehrsunfalls, weil er über Nacht die Fähigkeit
verloren hatte, Rot und Grün voneinander zu unterscheiden
– – würde Ihnen dazu nichts einfallen? Ist das nicht ein einfach erschütternder Fall?

DR. BORSIG: Man weiß, daß er sein Auto bestieg, um seine Kunden zu besuchen, und daß er eine Stunde später tot war . . .

ROBERT *(leise und langsam)*: Und das Mittel hilft wirklich gegen
Farbenblindheit?

SÖNTGEN: Sie waren eben mit Recht beleidigt, als meine Äuße-
rungen wie ein Verdacht aussahen – – aber jetzt erlauben Sie
bitte uns, ein wenig – – ein wenig erstaunt zu sein. Glauben
Sie, wir propagieren gegen eine bestimmte Krankheit ein Mittel, das nicht erprobt ist? Ganz abgesehen davon, daß die
Ärzteschaft uns mit Recht bald vor die Gerichte bringen
würde – – selbstverständlich sind auch die Unterlagen über
die Unfälle amtliches Material . . .

ROBERT: Die Vorstellung, daß der Mann, hätte er Ihr Mittel genommen, noch lebte – – diese Vorstellung ist grauenhaft: er
hat sicher seine Frau geküßt, er hat sich von seinen Kindern
verabschiedet, der Frühstückstisch blieb unaufgeräumt zurück – – die Frau packte die Schulranzen für die Kinder; am
Abend wollten sie vielleicht Mensch-ärgere-dich-nicht spielen oder Quartett – – aber am Abend küßte er seine Frau nicht,
sah er die Kinder nicht mehr, das Spiel wurde nicht gespielt
. . . hätte er dieses Mittel genommen . . .

SÖNTGEN: Hätte er *Prokolorit* genommen, er hätte auch am
Abend seine Frau wieder küssen, seine Kinder umarmen,
hätte mit ihnen spielen können – – das ist eine großartige
Geschichte: das greift ans Herz – – das packt die Leute: seine
Kinder hätten nicht vergebens auf die Heimkehr des Vaters
gewartet . . .

ROBERT: Nur ist die Geschichte zu schrecklich, um für Reklame-
zwecke ausgewertet zu werden . . .

DR. BORSIG: Denken Sie einfach darüber nach, welche Bedeutung im Leben des Menschen die Farbe spielt: die Haar-
farbe einer Frau – – das Rot der Lippen – – das Grün des
Grases . . .

ROBERT: Eine phantastische Vorstellung, daß jemand plötzlich die Lippen eines Mädchens grün – – daß er eine Wiese rot sieht – – oder denken Sie an einen Fußballspieler, der das rote Trikot eines Gegners plötzlich für das grüne eines Mitglieds seiner Mannschaft hält; vielleicht gerade vor dem Tor, wo er im entscheidenden Augenblick dem gegnerischen Verteidiger flankiert – –

DR. BORSIG: Die Chance eines Tores verpaßt: An einem Tor können hunderttausend Mark für Tipper hängen, an einem Tor kann der Abstieg aus der Oberliga hängen – –

SÖNTGEN: Das ist großartig: eine Werbestory in Verbindung mit Fußball – – das ist großartig. Ich gratuliere Ihnen, ich halte schon Ihre ersten Einfälle für ein gutes Zeichen am Beginn unserer Zusammenarbeit. Vergessen Sie den Mann, der da gestorben ist. Seien wir nicht immer so ernst – – wir wollen aus dem Tod kein Geschäft machen . . .

ROBERT: Meine Bedenken fangen da an, wo ich nicht weiß, ob die Farbenblindheit eine wirkliche Gefahr ist. Ich habe Bedenken, ob man die Menschen mit der Gefahr einer Krankheit erschrecken sollte, die nur für einen verschwindend kleinen Teil von ihnen eine wirkliche Gefahr ist. Man veranlaßt vielleicht fünfzigtausend, ein Mittel zu kaufen, das nur für drei von diesen fünfzigtausend einen wirklichen Schutz bedeutet . . .

DR. BORSIG: Wenn Sie drei Menschen das Leben retten . . .

ROBERT: Dann scheint es Ihnen nicht zuviel, wenn fünfzigtausend dafür 2.10 Mark bezahlen?

DR. BORSIG: Läßt sich der Preis eines Menschenlebens in Geld ausdrücken?

ROBERT: Natürlich nicht, aber ich könnte mir vorstellen, daß meine Bedenken . . .

SÖNTGEN (unterbricht ihn): Ich mache Ihnen einen Vorschlag: Laden Sie Ihre Bedenken auf uns ab – – lassen Sie sich nicht von Vorstellungen quälen. Wir beauftragen Sie, uns eine Serie von drei oder vier kleinen Geschichten zu schreiben: Warnungen vor der Gefahr der Farbenblindheit, die den Gebrauch von Prokolorit empfehlen. Eine simple, ganz einfache Sache: Sie haben Ideen, Sie haben Phantasie, wir kaufen diese Ideen. Ich denke, über den Preis werden wir uns einigen: Wir pflegen in solchen Fällen nicht kleinlich zu sein . . .

DR. BORSIG: Und wenn Sie nur einen einzigen Menschen wirklich retten – – wenn Sie –

ROBERT: Ich – – ich weiß nicht: ich müßte mich erst überzeugen, daß die Farbenblindheit eine wirkliche Gefahr ist . . .

DR. BORSIG: Aber glauben Sie mir: sie *ist* eine Gefahr. Ich werde Sie, wenn Sie mich besuchen, in einer Minute davon überzeugt haben, daß es wirklich so ist.

ROBERT: Aber dann sollte man doch jeden Autofahrer, jeden Menschen eigentlich, einer Reihe Untersuchungen unterziehen und denjenigen, bei denen die Krankheit oder die Möglichkeit dazu festgestellt wird – – denen sollte man Prokolorit verschreiben lassen . . .

SÖNTGEN: Das würde zunächst einmal unendlich lange dauern: Bedenken Sie, wie schwierig es ist, den Verwaltungsapparat in Bewegung zu setzen. Mein Gott – – eine Ewigkeit würde das dauern – – aber ganz davon abgesehen: eine solche Aktion würde vielleicht zum Erfolg haben, daß wir zehn- oder zwanzigtausend Schachteln Prokolorit verkaufen, wir haben aber – – hören Sie gut zu – – wir haben fünfhunderttausend Schachteln produziert und haben davon mit Mühe und Not fünfzigtausend verkauft, die wir verkauft haben auf den Namen unserer Firma hin. Mein Lieber, die Angst ist zu klein – – wir müssen die Angst vergrößern . . .

ROBERT: Ich kann mich keinesfalls dazu entschließen, an der Vergrößerung der Angst teilzunehmen, Angst vor einer Gefahr, die keine ist.

DR. BORSIG: Wer spricht davon, daß Sie sich hier und sofort entscheiden sollen? Außerdem haben wir noch andere Pläne: was mir wichtig erscheint: den Leuten zu zeigen, daß hinter den abstrakten Namen von Industriefirmen Menschen verborgen sind: Alle kennen die ORAMAG, sie ist für die meisten wie ein Gespenst: eine Zusammensetzung von Buchstaben – – etwas ganz Abstraktes: aber daß diese ORAMAG in Wirklichkeit Becher, daß sie Söntgen heißt: daß sich hinter diesen abstrakten Buchstabengebilden Menschen verbergen: darin sehe ich eine wichtige Aufgabe, die eigentlich schon zum Teil durch die Becher-Denkschrift erfüllt wurde: Wir müssen diese – – ich möchte es Ent-Mythung nennen – das müssen wir fortsetzen.

SÖNTGEN: Eine sehr gute Idee, doch scheint mir, wir sollten nicht stundenlang so ernste, so tiefschürfende Gespräche führen – – mein Gott, Sie sind doch noch jung, und schon so ernst. Versuchen Sie, ein wenig heiterer zu sein. Hören Sie, mein Lieber, wissen Sie, wieviel Menschen nierenkrank sind?

ROBERT: Nein.

SÖNTGEN: Ich weiß es auch nicht, aber ich weiß, daß die SUNAG jeden Monat dreißigtausend Schachteln von ihrem Nierenmittel verkauft: einfach, weil sie eine großartige Serie gestartet hat: Riesenplakate, wo eine kranke Niere dargestellt wird – – und einen plumpen, aber wirksamen Werbespruch: Denkst du je an deine Niere? *(Lacht)* Nun, seitdem denken die Leute an ihre Nieren und kaufen das Mittel von der SUNAG – – sagen Sie mir, soll ich mehr Gewissen haben als die Konkurrenz? Ich habe Arbeiter, ich habe Angestellte, wir haben eine ausgezeichnet funktionierende Sozialversicherung in unseren Werken – – wir haben Müttererholungsheime – – und ich habe im Lager vierhundertfünfzigtausend unverkaufte Schachteln Prokolorit – – *(Lacht)* Ihre Hartnäckigkeit in Ehren: sie imponiert mir, und je hartnäckiger Sie sind, um so mehr reizt es mich, Sie für uns zu gewinnen. Ich mag die jungen Leute nicht, die einem gleich recht geben. Aber nun schlage ich vor, wir gehen essen – los, lassen Sie den Kopf nicht hängen ... ich höre, Sie wollen heiraten, habe ich recht gehört?

(Steht auf, Stühle werden gerückt)

ROBERT: Heiraten? Ja – – ich dachte daran, es ist – – Sie haben mich nachdenklich gemacht ...

DR. BORSIG: Seien Sie friedlich, befreien Sie sich für kurze Zeit von Ihren Vorstellungen – – kommen Sie: wir gehen zum Abendessen. *(Leiser)* Wissen Sie, Sie haben keine schlechten Vorgänger – – gewiß wissen Sie, wer Nadolt war ...

ROBERT: O ja, ich weiß, wer Nadolt war ...

DR. BORSIG: Und wissen Sie, daß Nadolt ...

ROBERT *(unterbricht ihn)*: Auch das weiß ich, und auch das hat mich nachdenklich gemacht.

DR. BORSIG: Sie wissen? Es ist mir unerklärlich, ich verstehe nicht – –

SÖNTGEN: Nun los, meine Herren – – bohren Sie sich nicht fest. *(Aufbruch, Schritte ...)*

SÖNTGEN *(im Vordergrund leise)*: Dr. Borsig, diesen Burschen müssen wir bekommen, das ist ja großartig, diese Phantasie, diese Einfälle – – hören Sie, wir *müssen* ihn bekommen.

(Geräusche wie Szene 2, doch ohne Straßenlärm, die Stimme des Ansagers unten im Bahnhof leise, aber hin und wieder ein Wort ver-

ständlich: Weiterfahrt, Anschlußzug – – dreiundzwanzig Uhr – –
bitte beeilen)

FRANZISKA: . . . wenn die große Flut kommt, werden junge See-
löwen den Paternoster benutzen, der unermüdlich weiterlau-
fen wird. Ein Rotbarsch wird das Frühstück des Intendanten
aus dem Kandelaber an der Decke angeln und es in aller Ruhe
verzehren: Rührei auf Toast. Überleben werden nur die beiden Kinder, die den Schwimmkursus schwänzten, um die
Kathedrale zu besteigen; oben im Schnittpunkt der beiden
Kreuzbalken wird der sicherste Punkt sein: Ein Strudel wird
den beiden nach oben spülen, was sie brauchen: eine Büchse
Ananas oder eine Ente aus Zelluloid, wie man sie beim Ein-
kauf von einem halben Pfund Margarine als Zugabe bekam
. . . die Fische werden zum Laichen Gotik bevorzugen . . .

FRAU BORSIG: Ich bin traurig, daß mein Vater das nicht mehr gelesen hat, es hätte ihm gefallen.

FRANZISKA: Mir gefällt es nicht so sehr: vielleicht klingt es gut
– – aber es macht mich so bange, und ich bin bange genug. Ihr
Vater – – in unserem Lesebuch standen Geschichten von ihm.
Schöne Geschichten. Wozu sind Sie gekommen? Um mir zu
sagen, daß ich diese Geschichten nicht glauben soll?

FRAU BORSIG: Ich hatte Angst, Sie würden in ein Leben fallen,
wie meines es war: Watte zwischen Ihnen und der Welt – –
und Sie werden so einsichtsvoll, Tupfer sind da, Tabletten,
Ampullen, wohlriechende Prophylaktika – – und Sie haben
reizende Töchter und Schwiegersöhne, wie jene Götzen, die
wohl von Schneidermeistern verehrt werden: die Maße stimmen jedenfalls und die Intelligenz ist von jener Art, die man
hochgradig nennt.

FRANZISKA: So war Ihr Leben vielleicht, meins wird anders sein.

FRAU BORSIG: Deshalb sag' ich's. Deshalb kam ich zu Ihnen: nie
habe ich gesprochen, nie etwas getan: erst als ich Sie sah und
ihn – – als ich erfuhr, daß er tun soll, was mein Vater getan
hat. *(Heftig)* Wissen Sie, was Pantotal ist?

FRANZISKA: Als ich noch ein kleines Mädchen war, wußte ich
schon, was Pantotal ist: es ist . . .

FRAU BORSIG *(unterbricht sie heftig)*: Es ist Suggestion . . . Millionen Schachteln sind davon verkauft: mein Vater schrieb die
Verse dazu, mein Mann managte es. Deshalb spreche ich . . .

FRANZISKA: Lassen Sie mir Zeit. Ich habe ihn gewarnt, aber nun
kommt es mir dumm vor, zu triumphieren. Sagen zu können:
ich habe recht gehabt. Wir haben ja Zeit.

FRAU BORSIG: Soviel Zeit, wie Sie zu haben glauben, haben Sie
nicht: Sie denken von Tag zu Tag, von Jahr zu Jahr: jetzt
kommt es, das, was das Leben genannt wird; aber es kommt
nicht, dumpfer Staub legt sich über alles, und die Zeit blickt
Sie an wie ein Reptil, von dem Sie nicht wissen, ob es stupide
oder schlau ist. Und über Ihrem Leben wird stehen, was in
seinem Dienstvertrag steht: Ihr Leben gehört der ORAMAG,
Sie können die Buchstaben auswechseln, ganz wie Sie wollen
– – würfeln Sie das ABC aus: es ändert sich nichts.

FRANZISKA: Wenn Sie glauben, daß sich nichts ändert, warum
kamen Sie her?

FRAU BORSIG: Gehen Sie keinen Schritt zurück, wie ich es getan
habe: lassen Sie sich nicht einschläfern, kommen Sie nie zur
Einsicht. Vielleicht tun wir manches, bei dem uns nicht wohl
ist – – schlimm wird es, wenn uns wohl dabei wird. Machen
Sie nicht mit, wo der Stumpfsinn auf komplizierten Orgeln
zelebriert wird . . .

FRANZISKA: War Robert sehr kläglich?

FRAU BORSIG: Er war nicht kläglich. Er hätte gar nicht mit ihnen
reden sollen. Es lullt einen langsam ein, indem man darüber
spricht, es rieselt wie Sand; die Jahre tragen es einem zu, wie
ein Fluß Schlamm ins Delta trägt. Man schluckt die Zeit,
schluckt Jahrzehnte, die mit feinen Staubkörnchen angefüllt
sind: Körnchen für Körnchen fällt es hinein und plötzlich
spürt man ein bleiernes Sediment: Trägheit und Trauer, weil
das Sieb nicht fein genug war. Dieser sanfte, dieser leichte
Schmutz der allmählichen Einsicht . . . oh, sehen Sie. Es ist
gar nicht schlimm, daß sie die Becher-Denkschrift geändert
haben: schlimm ist, daß er die Notwendigkeit einsah. Gibt es
etwas Dümmeres, etwas Unwichtigeres als so einen Beitrag zur
Jubiläumsschrift eines Konzerns? Nein – – es gibt nichts
Dümmeres, aber sie sollen ihre Dummheit alleine machen.

FRANZISKA: Ich will nicht – – ich will nicht, daß die Welt sich dreht
wie eine Walze, die Schablonen aus ihrer Öffnung preßt. Ich
will nicht in eine solche Schablone fallen und finden, daß sie
mir paßt wie mein Handschuh – ich will nicht einmal das
feine Sieb sein, durch das die winzigsten Körnchen fallen:
Glas möchte ich sein, das nichts durchläßt. – Aber noch habe
ich Zeit.

FRAU BORSIG: Noch *ist* es Zeit. Aber geben Sie acht: die Zeit hat
Sie: eine Schlingpflanze, die sich unmerklich, aber flink an
Ihnen hochwindet, und eines Tages wissen Sie, daß es eine

Schlinge ist, in der Sie gefangen sind: sie preßt Ihnen die Luft ab, Sie ersticken an der Zeit – – ach, ich weiß nicht, ob ich meinet- oder Ihretwillen zu Ihnen gekommen bin: geben Sie acht, daß Sie nicht zugedeckt werden mit diesem sanften feinen Schmutz der Einsicht: zuletzt werden Sie dann einsehen, daß Gott zu Recht gekreuzigt wurde ... Lassen Sie nicht zu, daß Robert daran teilnimmt. Denn Sie werden morgens jenen Brechreiz im Halse spüren, von dem Sie nicht wissen, woher er kommt.

FRANZISKA: Sie hätten dort warten sollen, um mir sagen zu können, wie er sich entschieden hat.

FRAU BORSIG: Ich kann es nicht mehr hören, kann sie nicht mehr sehen: ich werde bald weit wegfahren, aber ich wollte vorher noch mit Ihnen sprechen, es schien mir der Mühe wert. Geben Sie acht: man wirft Ihnen ein Tuch über die Augen, dunkel und schwer – – und ehe Sie Kraft gefunden haben, es aufzuheben und sich umzublicken, sind zehn Jahre vorbei: Etwas-vom-Leben-haben – – so heißt dieses Tuch; Sie sitzen in der Dunkelkammer, tasten sich hilflos zurecht – – dann erwachen Sie für einen Augenblick, aber schon hat man das zweite Tuch über Sie geworfen und Sie hören im Dunkeln Gelächter: Kinder erziehen, Mutter sein, und wenn Sie das Tuch aufheben, sind wieder zehn Jahre vorbei und in dem einen hellen Augenblick sehen Sie fremde Geschöpfe, mit Pantotal gepflegt: Ihre Kinder – = das dritte Tuch heißt wie das erste: Etwas vom Leben haben – – fünfundvierzig sind Sie geworden, und so schnell ging alles vorbei und nichts blieb als der Schlamm, den die Jahre in dir ablagerten. *(Heftiger)* Laß ihn niedersinken, spucke ihn aus oder wirf ihn zurück in die Zeit, schrei in das sanfte Gedudel der Orgel des Stumpfsinns hinein – – *ich* schrie nicht, aber nun werde ich brüllen – noch ist ein wenig Zeit, es wird ...

FRANZISKA *(unterbricht)*: Ach, hören Sie auf, bitte – – schon ist mir, als hätte ich jahrzehntelang diesen Schlamm geschluckt, von dem Sie sprechen: ich habe Angst und ich fühle mich so schwer wie Blei – hören Sie auf, bitte. Ich hätte darauf bestehen sollen, daß er nicht hinging – – man kann nicht ein bißchen im Sumpf spazierengehen: man bleibt ganz draußen oder versinkt. Ich habe recht gehabt, aber ich schäme mich, weil ich recht hatte. Es ist so dumm zu triumphieren, ich wünsche, ich hätte ihm anders helfen können als dadurch, daß ich bloß recht hatte – – alles, was Sie sagen, wußte ich, nur wußte ich es nicht so genau – – noch spüre ich den Brechreiz im Halse nicht, wenn ich erwache, sondern ich freue mich auf das Brot, das ich zum Frühstück bekommen werde. Wissen Sie, wie Brot schmeckt – – das, was Sie trockenes Brot nennen, wissen Sie es?

FRAU BORSIG: Ich habe es vergessen – – ich weiß nicht . . .

FRANZISKA: Das ist schlecht: man sollte es nie vergessen, wie man es bricht – – Brot – – wie man die Zähne in die unebene weiche Bruchstelle gräbt – – wie man rings um den Mund die wunderbare, weiche Berührung des Brotes spürt, eine trokkene Zärtlichkeit *(lacht)* – – ach, und so manches: das Geräusch der Kaffeemühle am Morgen, die kleine, ein wenig kreischende Orgel in der Küche, die von der Mutter gedreht wird – – und im Nachbarhaus plärrt ein Kind. Nein, ich spüre den Brechreiz noch nicht, und ich werde Kinder haben, die meine eigenen sind – –

FRAU BORSIG: Ich wünsche es Ihnen; es würde mir leid tun, wenn ich Sie sehr erschreckt hätte.

FRANZISKA: Oh, Sie haben mich genug erschreckt: Schlamm, den die Zeit in mir ablagert – – und morgens der Brechreiz; dunkle Tücher, mir übers Auge geworfen: blind und voll Ekel der Zeit ausgeliefert – – aber Sie, Sie haben wohl nie geweint, wenn Sie als Kind an einem Wintertag vor dem Keller der Bäckerei hockten und der warme, süße Duft des frischen Brotes hochstieg –

FRAU BORSIG: Nein. Haben Sie geweint als Kind – – vor der Bäckerei?

FRANZISKA: Ja. Ich hatte die Groschen in der Hand, um Brötchen zu holen, aber bevor ich in den Laden ging, kniete ich mich in den Schnee vor dem Kellerfenster, tauchte mein Gesicht in den Dunst – – und ich weinte.

FRAU BORSIG: Warum weinten Sie?

FRANZISKA: Ich weiß nicht, warum . . . ich konnte es nicht ertragen, ohne zu weinen, und ich konnte nicht verstehen, daß die Bäckersfrau so gleichgültig war – – und später, wenn ich zur Schule ging, stand der Bäcker in der Tür: müde, blaß und freundlich und rauchte eine Zigarette: da schämte ich mich . . .

FRAU BORSIG *(lacht)*: Aber warum schämten Sie sich?

FRANZISKA: Ich weiß nicht – –: seinetwegen – aber auch meinetwegen – – ich schämte mich vielleicht, weil er mir unrecht tat – – aber ich auch ihm; es ist, wie wenn ich im Kino weine. Robert sagt immer, daß ein Film niemals eine Träne wert sei.

FRAU BORSIG: Mein Gott, Sie weinen im Kino, aber mein liebes Kind . . . Sie sollten doch . . . *(lacht)* nein . . .

FRANZISKA: Ich weiß, daß ich es nicht tun sollte: ich habe unrecht, aber auch Robert hat unrecht, wenn er darüber lacht oder mit mir schimpft, es ist wie mit dem Bäcker – – es ist wie mit dem Gedicht von der großen Flut. Finden Sie es wirklich schön?!

FRAU BORSIG: Ich finde es großartig.

FRANZISKA: Ich nicht: es mag schön sein, es mag gut klingen . . . und es ist ein Bild, ein gutes Bild, aber – – ich weiß nicht – – ich meine, es wäre ein wenig Betrug dabei: wenn etwas wirklich schrecklich ist, dann muß man weinen – – aber dabei kann ich nicht weinen: ich glaube, es ist ein Gedicht für Leute, die morgens mit Brechreiz erwachen, ich aber spüre den Brechreiz noch nicht.

FRAU BORSIG: Ich habe nie vor dem Fenster der Bäckerei, nie im Kino geweint, und ich weiß nicht mehr, wie Brot schmeckt – – das, was wir trockenes Brot nennen.

FRANZISKA: Und haben Sie nie gefunden, daß die grellgefärbten Zuckerstangen so wunderbar rot, so wunderbar grün sind – – *wie* grün sie waren, so sehr grün – – das regte mich immer auf.

FRAU BORSIG: Ich durfte sie nie lutschen, weil sie so schädlich sind.

FRANZISKA: Sie sind nicht so schädlich wie der Staub, den Sie schlucken mußten. Sie sind *(unterbricht sich plötzlich)* . . . da kommt Robert.

(Stille, in der plötzlich Schritte hörbar werden)

FRAU BORSIG: Ich muß gehen. Lassen Sie mich schnell 'raus.

ROBERT: Sie sind hier? Ich bin froh, daß ich Ihnen danken kann.

FRAU BORSIG: Lassen Sie mich gehen, danken Sie mir nicht – – sagen Sie lieber Franziska, was ist. Sie wartet.

ROBERT: Oh, es ist nichts – – es ist so, wie ich sagte: die Erinnerung an das, was nicht war, an den Nachmittag, der hätte sein können – – diese Erinnerung fängt an, lebendig zu werden – –

FRAU BORSIG: Auf Wiedersehen: Ich fühle mich dumm mit allem, was ich gesagt. Ich fühle mich überflüssig, wenn ich an die Tränen denke, die Sie vor dem Keller der Bäckerei geweint haben. Wenn ich Sie einmal wiedersehen dürfte, wäre ich froh.

FRANZISKA: Ich vergesse nicht: ich stelle den Filter auf »fein«. Ich lasse die Körnchen nicht durch, und ich lasse die Zeit nicht über mich wachsen wie Efeu, sondern blicke ihr entgegen, wie einer Straße, in die ich hineingehe: Kinder plärren dort, Brot wird gebacken und Kaffeemühlen werden wie winzige Drehorgeln gedreht: Liebe bricht in Hauseingängen über uns herein, der Bäcker lächelt hilflos, wenn er meine Tränen sieht: er schämt sich – – und ich schäme mich und weiß nicht warum.

FRAU BORSIG: Auf Wiedersehen: wenn Sie einmal Zeit haben, laden Sie mich zu Brot ein oder zu Tränen im Kino.

FRANZISKA: Auf Wiedersehen.

ROBERT: Auf Wiedersehen.

(Tür wird geöffnet und geschlossen)

FRANZISKA: Ich wage gar nicht, dich zu fragen.

ROBERT: Was hast du getan die ganze Zeit über?

FRANZISKA: Ich habe im Fenster gelegen und gewartet. Ich kenne kein schöneres Zimmer als dieses: ich sehe den Bahnhof, höre ihn, rieche ihn – – und die murmelnden Stimmen dort unten sagen Dinge, die wie Geheimnisse klingen, aber keine sind: Zahlen, Ortsnamen, Nummern – – und es schien mir plötzlich, als wüßte ich, daß die große Flut nicht kommt. Als Frau Borsig kam, hatte ich Angst: wenn sie sprach, war es mir, als würde ich mit Tod beworfen, Tod, mit Trauer parfümiert, Ekel, mit Lavendelwasser überspritzt, Brechreiz, der nach Kaviar schmeckt: sie hat recht, wie der Bäcker, der über den Geruch des Brotes nicht weinen kann – – *ich* aber knie außerhalb des Kellers im Schnee, und ich weine über das Brot, weil es so süß duftet, und über den Schnee, weil er so weiß ist . . . und du?

ROBERT: Ich habe mich nicht gelangweilt: sie sind schlau, und das Merkwürdige ist: eine Trauer liegt über ihnen, die einen schwach machen könnte: aber sie sind weder schlau noch traurig genug – – ich kann nicht tun, was sie von mir wollen: selbst wenn ich wollte, ich könnte es nicht: ich sehe sie, sehe die Leute, die auf meine Geschichte hin 2.10 Mark auf irgendeine Theke legen: Geld, für das sie hätten Brot kaufen, ins Kino gehen oder Zigaretten holen können, Geld, das sie hätten verschenken können: Geldstücke türmen sich vor meinen Augen zu schlanken Pyramiden, Groschen wimmeln wie eine Kolonie Ungeziefer. Dr. Borsig sagte: Sie sehen zu weit, Sie sehen zu tief – aber man kann nicht weit, kann nicht tief genug sehen – – noch sehen sie alle die Lippen der Frauen rot, sehen das Gras grün . . . soll ich ihnen einreden, sie sähen

die Lippen grün und das Gras rot? Die Angst müßte vergrößert werden, sagte Söntgen, aber die Angst ist groß genug; ich kann nicht den billigen Trost schenken – – aber
weniger noch kann ich die billige Angst vergrößern . . . aber
du, was hast du erwartet von mir?

FRANZISKA: Ich hatte Angst, aber die ganze Zeit über habe ich
gehofft auf das, was jetzt erfüllt worden ist: daß der zurückkommen sollte, für den ich dich hielt.

Eine Stunde Aufenthalt [1957]

Personen

Chrantox-Donath
Träger
Fahrer
Kellner
Anne
Brunos Stimme

*(Die Szene spielt in der abgelegenen Ecke eines großen Bahnhofs, vor
dem Gepäckschalter; hin und wieder hört man entfernt einen aus- oder
einfahrenden Zug, die Stimme eines Ansagers, Schritte, das Geräusch
auf- und zugeschobener Schalter)*

TRÄGER: Soll ich das Gepäck nun abgeben, oder . . .?

CHRANTOX: Warten Sie.

TRÄGER: Noch nicht entschlossen, Herr?

CHRANTOX: Nein.

TRÄGER: Der nächste Zug fährt erst dreizehn Uhr neun. Die
Stunde Aufenthalt müssen Sie schon hinnehmen.

CHRANTOX: Ich habe nicht damit gerechnet, daß der Zug hier
hält, sonst hätte ich eine andere Route gewählt. Nun mußte
ich hier umsteigen.

TRÄGER: Ist es wirklich so schlimm, Herr? Bis Athen werden
Sie bestimmt drei Tage brauchen. Kommt es da auf eine
Stunde an?

CHRANTOX: Nicht auf die Stunde, aber auf die Stadt.

TRÄGER: Vielleicht schauen Sie sich die Stadt an. Gar nicht so
übel. Sehenswürdigkeiten, Ruinen, Neubauten, Kirchen,
Denkmäler – und nette Leute. Fast könnte ich gekränkt sein,
aber *(müde)* ich bin nicht mehr so leicht zu kränken.

CHRANTOX: Ich kenne die Stadt.

TRÄGER: Ach, sind Sie schon hier gewesen?

CHRANTOX: Ja.

TRÄGER: Länger?

CHRANTOX: Siebzehn Jahre lang.

TRÄGER: Nein.

CHRANTOX: Ich sage Ihnen: siebzehn Jahre lebte ich hier. Sie
glauben nicht?

TRÄGER: Natürlich glaube ich Ihnen, aber es kommt mir so
unwahrscheinlich vor. Siebzehn Jahre, das ist eine lange Zeit,
und älter als – *(zögert)* älter als vierzig würde ich Sie nicht
schätzen.

CHRANTOX: Ihre Schätzung stimmt fast, ich bin dreiundvierzig
alt. Warum sollte ich nicht siebzehn Jahre hier gelebt haben?

TRÄGER: Sie sehen wie ein Ausländer aus.

CHRANTOX: Ich bin einer.

TRÄGER: Sie sprechen gut deutsch, fast . . . ich meine . . . nun
. . . *(bricht ab)*

CHRANTOX: Was meinten Sie?

TRÄGER: Ich meine, daß Sie fast ein wenig unseren Dialekt sprechen, aber das bilde ich mir wohl nur ein.

CHRANTOX: Vielleicht stimmt es.

TRÄGER: Nun, wie ist es, soll ich Ihr Gepäck bei der Aufbewahrung abgeben, oder wollen Sie lieber auf dem Bahnsteig den Anschluß abwarten?

CHRANTOX: Am liebsten würde ich mit dem nächsten Zug weiterfahren und auf einer anderen Station den Anschluß nach Athen abwarten.

TRÄGER: So böse Erinnerungen an unsere Stadt?

CHRANTOX: Böse und gute.

TRÄGER: Frischen Sie die guten auf, Herr.

CHRANTOX: Es ist jetzt *(kurze Pause)* elf Uhr siebenundfünfzig; bis dreizehn Uhr neun, also mehr als eine Stunde noch. *(Mit veränderter, weniger kalter Stimme)* Sie hatten Krieg hier?

TRÄGER: Ja. Vor zwölf Jahren war er zu Ende. Der letzte; *(müde)* manchmal werf ich die Kriege schon durcheinander.

CHRANTOX: Ich war so weit weg, daß er nur als Gerücht zu mir drang: Bomben – Hunger – Tod – Mord. Viel zerstört hier?

TRÄGER: Ziemlich. Doch Sie würden nicht mehr viel von der Zerstörung sehen. Wo wohnten Sie damals, als Sie hier lebten?

CHRANTOX: Sophienstraße.

TRÄGER: Oh, feine Leute. Da war nicht viel zerstört. Am Sophienpark, nicht wahr?

CHRANTOX: Gibt es den Park noch?

TRÄGER: Natürlich. Man hat ihn erweitert.

CHRANTOX: Ach, auch das Café noch da und die Tanzterrasse?

TRÄGER: Ja, möchten Sie es sich nicht ansehen? *(Da Chrantox schweigt, weiter nach kurzer Pause)* Zwölf Jahre ist der Krieg vorüber, sechs Jahre hat er gedauert. Siebzehn Jahre haben Sie hier gelebt. Wann war das?

CHRANTOX: Ich bin hier geboren.

TRÄGER: Ach, wohl ausgewandert?

CHRANTOX: Ja.

TRÄGER: Sind Sie – Jude?

CHRANTOX: Nein.

TRÄGER: Wegen – eh – politisch?

CHRANTOX: Nein.

TRÄGER: Und, verzeihen Sie, warum sind Sie dann weg?

CHRANTOX: Ich habe mich manchmal selber gefragt, warum ich ging. Es gab so vieles. Vielleicht war es ein Mädchen.

TRÄGER: Liebeskummer?

CHRANTOX: Nein. *(Beide schweigen einen Augenblick, dann Chrantox weiter)* Sie verstehen nicht?

TRÄGER: Nein. Wenn Sie in der Sophienstraße geboren sind – war Ihr Vater reich?

CHRANTOX: Ja, mein Vater war reich.

TRÄGER: Viele wandern aus, weil ihre Väter arm sind.

CHRANTOX: Ja, aber meiner war reich.

TRÄGER: Ich versteh' nicht . . .

CHRANTOX: Damals glaubte ich genau zu wissen, warum ich ging. Aber ich entsinne mich des Grundes nicht mehr genau. Vielleicht wollte ich einfach weg. Jedenfalls hatte ich einen Grund. Es war an einem Sommerabend. Ich wollte einfach weg.

TRÄGER: Sagten Sie nicht was von einem Mädchen?

CHRANTOX: Ja, und von Geld. Das sagte ich nicht, wie? Ich nahm Geld mit.

TRÄGER: Viel?

CHRANTOX: Nicht sehr viel.

TRÄGER: Und das Mädchen.

CHRANTOX: Ja. Sie liebte mich. Ich liebte sie. Mein Vater war reich, ihr Vater war reich.

TRÄGER: Ach.

CHRANTOX: Sie war schön. Ich war ein hübscher Junge.

TRÄGER: Ach, und dann gingen Sie weg?

CHRANTOX: Ja. Nicht wegen des Mädchens, nicht wegen des Geldes.

TRÄGER: Sondern?

CHRANTOX: Es kam so allerlei zusammen, wissen Sie. Das Mädchen, meine Mutter, der Sommerabend. *(Müde, fast ein wenig ärgerlich)* Komisch, daß ich mich von Ihnen ausfragen lasse und Ihnen erzähle, was ich noch nie jemandem erzählt habe. Was nehmen Sie für die Stunde?

TRÄGER: Kommt drauf an, Herr. Schwere Arbeit kostet mehr als leichte.

CHRANTOX: Und hier ist leichte.

TRÄGER: Ich weiß nicht. Jedenfalls keine schwere, und ganz interessant.

CHRANTOX: Also *(lacht)* was nehmen Sie?

TRÄGER: Fünf Mark – zuviel, Herr?

CHRANTOX: Nein, einverstanden. Rauchen Sie?

TRÄGER: Gern.

CHRANTOX: Bitte, nehmen Sie eine.

(Schachtel wird geöffnet, Zündholz angestrichen)

TRÄGER: Komische Zigarette. Gut. Amerika?

CHRANTOX: Ja, Südamerika.

TRÄGER: Dort lebten Sie?

CHRANTOX: Die letzten zehn Jahre nur.

TRÄGER: Nichts vom Krieg gespürt, wie? Gar nichts?

CHRANTOX: Nichts. Nur davon gehört. Ab und zu was in der Zeitung gelesen; wenig; Hunger, Bomben, Mord; im Dorfwirtshaus hing eine Landkarte von Europa; kleiner Maßstab; der Wirt steckte Fähnchen, er tat es ungenau, es kam ihm auf zweihundert Kilometer nicht an; auf der Karte lag Warschau nicht weit von Moskau, Prag, Wien, Budapest – wie Nachbarstädte lagen sie eng beieinander, und doch konnte man sehen: Der Krieg breitete sich aus wie eine ansteckende Krankheit; aber die Krankheit war weit weg. Keine Infektionsgefahr. Das Vieh war wichtiger. Rindfleisch stieg im Preis. Sogar der Mais war plötzlich wertvoll. Vor dem Krieg hatte niemand ihn gewollt. Häute, Stroh – alles brachte Dollars.

TRÄGER: Und nun, wo Sie hier sind, ärgern Sie sich über eine Stunde Aufenthalt.

CHRANTOX: Ich wäre lieber durchgefahren.

TRÄGER: Sie sprachen von Ihrer Mutter, von dem Mädchen. Wußten die, daß Sie gingen, endgültig?

CHRANTOX: Ich habe mit niemandem darüber gesprochen.

TRÄGER: Vielleicht leben sie noch.

CHRANTOX: Wahrscheinlich *(leise)* sind viele gestorben, im Krieg und durch die . . .? *(stockt)*

TRÄGER *(ebenso leise)*: Ja, es sind viele gestorben, im Krieg, und durch die . . . *(stockt)*

CHRANTOX *(im gleichen Tonfall wie vorhin)*: Haben Sie – haben Sie jemand verloren?

TRÄGER: Mein Sohn ist – er ist getötet worden.

CHRANTOX: Gefallen?

TRÄGER: So nennt man's. Ich nenne es nicht so.

CHRANTOX: Wie alt war er? Vielleicht war er so alt wie ich.

TRÄGER: Er war jünger. Er wäre jetzt vierzig.

CHRANTOX: Wie mein jüngster Bruder.

TRÄGER: Sie hatten Geschwister?

CHRANTOX: Ja, drei, zwei Brüder und eine Schwester, doch . . . *(stockt)*

TRÄGER *(leise)*: Wie?

CHRANTOX: Doch nur von einem möchte ich wissen, ob er noch lebt, nur von Krumen, er war der jüngste. Seinetwegen wäre ich damals fast geblieben.

TRÄGER: Krumen?

CHRANTOX: So nannten wir ihn; eigentlich hieß er Heribert, aber er mochte den Namen nicht. Krumen . . . er stand an der Treppe, als ich wegfuhr, wollte ins Auto einsteigen. Sonst nahm ich ihn immer mit, wir fuhren über die Landstraßen, so schnell wir konnten, ich und neben mir Krumen, der immer sagte: Schneller, schneller – aber an diesem Abend nahm ich ihn nicht mit.

TRÄGER: Wie alt war er?

CHRANTOX: Vierzehn. Ich war siebzehn.

TRÄGER: Weinte er?

CHRANTOX: Nein. Ich sagte nur: heute geht es nicht, Krumen, heute nicht.

TRÄGER: Sie hatten mit siebzehn ein Auto?

CHRANTOX: Es war das Auto meiner Mutter. *(Leise, scharf)* Ich habe es irgendwo in den Ardennen einen Abhang hinunterrasen lassen; es war platt wie ein Kuchen, von dem hübschen roten Lack war nichts mehr zu sehen.

TRÄGER: Ein Mädchen, Geld, ein Auto – der Bruder.

CHRANTOX: Ja, ja – aber nicht deswegen fuhr ich weg, nicht deswegen.

TRÄGER: Weswegen denn?

CHRANTOX *(lacht)*: Sie fragen, wie ein Vater fragen könnte, doch *mein* Vater hätte nicht so gefragt.

TRÄGER *(leise)*: Sie möchten nicht wissen, wer noch lebt.

CHRANTOX: Nur von Krumen.

TRÄGER: Lebten Ihre Eltern noch, als Sie weggingen?

CHRANTOX: Mutter war fünfundvierzig, als ich ging. Jetzt wäre sie, *(kurzes Zögern)* sie wäre einundsiebzig.

TRÄGER: Und Sie möchten Ihre Mutter nicht sehen?

CHRANTOX: Nein.

TRÄGER: Ihre Mutter, Herr. Denken Sie. Lassen Sie mich endlich Ihr Gepäck abgeben und fahren Sie zu Ihrer Mutter.

CHRANTOX: Langsam, warten Sie.

TRÄGER: Und Ihr Vater?

CHRANTOX: Er wäre jetzt dreiundsiebzig.

TRÄGER *(böse)*: Wäre! Wäre, vielleicht ist er! und wartet seit – seit sechsundzwanzig Jahren auf Sie.

CHRANTOX: Sicher wartet er, wenn er noch lebt.

TRÄGER: Wenn, wäre. Ich verstehe Sie nicht.

CHRANTOX: Vielleicht werden Sie später verstehen. Ich hatte alles vergessen, alles und alle, sogar Krumen, Anne, den Namen der Stadt; erst als ich den Namen hörte, fiel mir etwas wieder ein.

TRÄGER: Sie hatten es schwer, da draußen?

CHRANTOX: Ich hatte es leicht. Ich mußte arbeiten, aber immer lohnte es sich. Ich hatte immer Geld, habe Geld. Ich hatte Glück. Alles gelang mir. Ich wollte Kellner unter Kellnern sein, Landarbeiter unter Landarbeitern, aber wenn ich Kellner war, wurde ich bald Geschäftsführer, wenn ich Landarbeiter war, wurde ich bald Verwalter, und wenn ich Verwalter war, hatte ich bald ein kleines Gut. Auch Träger war ich, Dienstmann wie Sie, aber nur für einen einzigen Tag.

TRÄGER: Sie waren tatsächlich Träger?

CHRANTOX: Nur für einen Tag. Ich hatte nur drei Kunden. Dem ersten trug ich einen eingeschriebenen Brief zur Post, brachte ihm die Quittung in den Wartesaal; dem zweiten trug ich einen Koffer, eine Tasche und einen Schuhkarton, und für den dritten mußte ich bei einer Dame anrufen, die Sheila hieß; ich mußte meine Stimme verstellen, mich Harry nennen und Sheila um ein Rendezvous bitten. Sheila gab mir das Rendezvous, zu dem ich nicht hinging. Und der Herr machte mich zu seinem persönlichen Diener, dann zu seinem Sekretär, zu seinem Freund, aber ich langweilte mich und ging wieder davon. Es war auf einem Landgut, und die Leute sprachen miteinander, als hätten sie in Büchern gelesen, wie man miteinander spricht. Damals dachte ich manchmal noch an zu Hause.

TRÄGER: Ihre Eltern, Herr. Denken Sie daran, denken Sie daran, es ist nicht leicht, Vater oder Mutter zu sein.

CHRANTOX: Kind zu sein ist nicht leichter, Bruder zu sein. Krumen war noch nicht fünfzehn, als ich ging . . . ich war siebzehn, Anne sechzehn. (*Leiser*) Sagen Sie, gibt es den Zentralfriedhof noch, den alten, draußen vor der Stadt?

TRÄGER: Es gibt ihn noch.

CHRANTOX: Unverändert?

TRÄGER: Unverändert? Wie meinen Sie? Es liegen mehr Tote dort als damals, viel mehr. Möchten Sie hin?

CHRANTOX: Ja. Geben Sie das Gepäck ab. Nehmen wir ein Taxi.

TRÄGER: Wir?

CHRANTOX: Ich würde Sie gern mitnehmen. Ich will dort nicht allein sein.

TRÄGER: Soll ich so mit, in meiner Uniform?

CHRANTOX: Habe ich Sie nicht für eine Stunde engagiert?

TRÄGER: Natürlich. Es ist Dienst.

CHRANTOX: Selbstverständlich, was sonst? Kommen Sie.

TRÄGER: Wenn Sie darauf bestehen.

CHRANTOX: Ich bestehe darauf.

TRÄGER: Gut, gehen wir.

(Schritte der beiden bewegen sich auf stärkeren Lärm zu, werden dann wieder deutlicher, bleiben stehen)

II

(Geräusch des fahrenden Autos, Straßenlärm)

TRÄGER: Warum fahren Sie zuerst auf den Friedhof?

CHRANTOX: Weil Friedhöfe die zuverlässigsten Adreßbücher sind, jedenfalls für Leute, die in der Sophienstraße gewohnt haben; sie haben dort ihr steinernes Adreßbuch, die Visitenkarte aus weißem Marmor hängt an dem großen Denkmal, am Eingang zur Gruft. *(Nach vorn, zum Fahrer)* Würden Sie bitte etwas langsamer fahren.

FAHRER: Wie Sie wünschen, Herr.

CHRANTOX: Tatsächlich. Vieles neu, und doch wenig verändert. Sehen Sie die Schule dort, sechs Jahre war ich drauf.

TRÄGER: Das Goethe-Gymnasium, ja. Auch mein Junge war drauf. Er war ein guter Schüler. Er wollte Arzt werden, und er wäre ein guter Arzt geworden.

CHRANTOX: Welcher Jahrgang?

TRÄGER: 1917.

CHRANTOX: Auch Krumen war Jahrgang 17, auch er war auf dem Goethe-Gymnasium. Wie hieß Ihr Sohn?

TRÄGER: Bruno, Bruno Planner, und wie heißen Sie?

CHRANTOX: Jetzt heiße ich Chrantox, früher hieß ich Donath. Nein, ich habe den Namen Ihres Sohnes nie von Krumen gehört.

TRÄGER: Donath, Sophienstraße, dann war Ihr Vater *sehr* reich.

CHRANTOX: Ja, er war sehr reich. Ihr Sohn – hat er nie von Krumen gesprochen?

TRÄGER: Ich habe den Namen Donath nie von ihm gehört, er brachte viele Freunde mit, aber Krumen, Donath, Heribert

... nein. *(Lauter)* Wir sind am Friedhof, Herr. Mein Junge ist nie beerdigt worden, sie ließen ihn liegen, da oben irgendwo bei Leningrad, sie ließen ihn liegen, einen angefangenen Brief fand man bei ihm.

BRUNO *(Autogeräusch und Straßenlärm setzen aus für die Zeit, in der Bruno spricht)*: Lieber Vater, liebe Mutter, Beldong ist tot. Entsinnt Ihr Euch seiner? Der kleine Blonde, dem ich manchmal im Deutschen half. Sein Vater hatte den Stand an der Ecke zur Wullnergasse, Beldong ist tot. Gestern wurde er getötet; er *fiel* nicht. Warum habt Ihr zugelassen, daß man uns erzählt, die Toten in den Kriegen fallen; es hört sich so an, als würden alle im Laufen getötet, aber alle, die ich sterben sah, sind im Liegen getötet worden, keiner ist *gefallen*. Hier nicht. Beldong ist tot. Ich kann es nicht ertragen, ich kann nicht, und wenn ich nicht an der Kälte hier sterbe, werde ich am Haß sterben, am Haß, vielleicht auch an beidem, ich werde nicht *fallen*, und Ihr ...

(Geräusche wieder wie oben)

TRÄGER: Wir sind am Friedhof. *(Das Auto hält an)*

CHRANTOX *(nach vorn)*: Würden Sie hier auf uns warten?

FAHRER: Der Friedhof hat zwei Ausgänge, Herr.

CHRANTOX: Natürlich. Zehn Mark. Genügt das?

FAHRER: Danke, es genügt. Ich werde warten.

(Plötzliche Stille, vielleicht Vogelgezwitscher ... die Schritte von Chrantox und Träger auf weichem Boden)

III

TRÄGER: Sie wissen den Weg genau?

CHRANTOX: Ich weiß den Weg genau. Nichts hat sich verändert. Am Tage bevor ich wegging, bin ich den Weg noch gegangen. Tante Andrea wurde begraben. Sehen Sie, da ist die Gruft der von Hum, der Frulkam – dort die Kromlach.

TRÄGER: Die ganze Sophienstraße.

CHRANTOX: Ja, hier trifft man sich wieder. Hier hängt man seine Visitenkarte aus weißem Marmor an den grauen Stein, *(härter)* ob sie wohl unter der Erde da unten noch Ehebruch miteinander treiben, ob sie da unten noch zum Wochenende die Frauen austauschen, ob sie da unten noch ihre Kinder quälen, sich absprechen, wer gerade an der Reihe ist, zu was zu konvertieren, in welche Partei zu gehen. Ob sie da unten noch ...

TRÄGER *(unterbricht ihn energisch)*: Die Toten, Herr, lassen Sie die Toten ruhen, und denken Sie an Ihre Eltern.

CHRANTOX: Ich dachte gerade an meine Eltern.

TRÄGER: Herr, stören Sie den Frieden nicht.

CHRANTOX: Den Frieden des Staubes kann ich nicht stören. Schreit hier einer? *(Lauter)* Schreit hier einer? Ich höre nichts. Wehrt sich einer gegen meine Anschuldigungen? Ach, wir sind da. *(Beide bleiben stehen)*

TRÄGER: Andrea Donath, geboren 12. April 1882, gestorben am 16. Juli 1931 – – im Juli 31 sind Sie weggegangen?

CHRANTOX: Ja, lesen Sie weiter, lesen Sie alle Namen vor.

TRÄGER *(leise, aber deutlich)*: Hugo Donath, geboren 1786, gestorben 1832, Werner Donath, geboren 1801, gestorben 1873, Gottfried Donath, geboren 1836, gestorben 1905, Erich Donath, geboren 1881, gestorben 1943.

CHRANTOX: Vater ist tot. Mutter ist tot.

TRÄGER: Edith Donath, geborene Schmilling, 1886 bis 1944 – die anderen Frauen, die vielen Kinder, soll ich sie nicht lesen?

CHRANTOX: Nein, lesen Sie nur die, die nach 1931 gestorben sind.

TRÄGER: Heribert Donath, geboren 1917, gefallen 1941 als Unteroffizier vor Bjeljogorsche.

CHRANTOX: Ja, Krumen ist tot. Ich habe es mit dem ersten Blick gesehen. Unteroffizier Donath. Sagen Sie, kann es etwas bedeuten, daß er Unteroffizier war?

TRÄGER: Es bedeutet nichts, Herr, nichts.

CHRANTOX: Ich hätte ihn mitnehmen sollen, wie ich es vorhatte. In Koblenz schon kehrte ich um, fuhr bis Boppard zurück, aber dann wandte ich wieder. In Trier wandte ich noch einmal, fuhr wieder die halbe Mosel entlang zurück, und machte kehrt. Ich holte Krumen nicht. Unteroffizier Donath, gefallen bei Bjeljogorsche. Krumen. Deshalb ließ mich der Name dieser Stadt so kalt: weil Krumen nicht mehr lebt, leer ist sie für mich mit all ihren römischen, romanischen, ihren gotischen und barocken Spuren. Weil Krumen nicht mehr da ist. Auch er wollte Arzt werden, Missionsarzt, aber länger als vierundzwanzig Jahre konnte diese verfluchte Erde ihn wohl nicht ertragen. *(Leiser)* Wissen Sie, was es heißt, reich zu sein, reich seit einhundertfünfzig Jahren, reich von Ewigkeit zu Ewigkeit. Das ist wie eine Hautfarbe, die Sie nicht mehr loswerden. Wissen Sie, was es heißt, wenn Sie als Dreizehnjähriger Ihre Mutter beim Ehebruch überraschen?

TRÄGER *(sanft)*: Nein, ich weiß es nicht, ich weiß nur, was es heißt, arm zu sein, arm von Ewigkeit zu Ewigkeit. Wissen Sie es?

CHRANTOX: Nein. Ich wollte es immer wissen, aber ich habe es nie erfahren; ich hatte Hunger, dreckig ging es mir, manchmal – aber immer rettete mich meine Hautfarbe.

TRÄGER: Es sind nach 1931 noch mehr gestorben, Herr.

CHRANTOX: Anne Donath?

TRÄGER: Wer?

CHRANTOX: Krumens Frau.

TRÄGER: War er verheiratet?

CHRANTOX: Er war vierzehn, als ich ging . . . keine Anne Donath zu finden?

TRÄGER: Nein.

CHRANTOX: Dann lebt sie wohl noch.

TRÄGER: Wer?

CHRANTOX: Anne. Wer ist denn nach 1931 noch gestorben?

TRÄGER: Friederike Schmilling, geborene Donath, geboren 1912, gestorben 1942.

CHRANTOX: Ach, Fritzi, meine Schwester. Sie ist an diesem Schmilling gestorben. Sie wollte ihn nicht, wollte nicht heiraten. Sie verließ nur selten ihr Zimmer, ging nicht in die Schule, nicht in die Kirche, kam nie zu den Mahlzeiten. Sie lag auf ihrem Bett und dachte an etwas, das sie selber nicht kannte. Schön war sie, weiß wie Marmor, schwarzes Haar und Augen wie Honig. Diese Welt gefiel ihr nicht, und an eine andere glaubte sie nicht. Sie aß nur Margarinebrote, trank dünne Zitronenlimonade dazu. Der einzige Mensch, den sie ertrug, war Krumen. Er war oft stundenlang bei ihr, ganze Nachmittage, Abende, oft Nächte hindurch; er saß neben ihrem Bett und hielt ihre Hand. Sie sprach nicht mit ihm, aber wenn er weggehen wollte, hielt sie ihn am Handgelenk fest. Ob sie sich wusch, die Wäsche wechselte – ich weiß nicht. Fritzi: sie weinte nie, lachte nie, las nie. Sie haben sie also doch mit diesem Schmilling verkuppelt. Daran ist sie gestorben. Dreißig Jahre alt. Noch einer?

TRÄGER: Friederike Donath, geboren 1936, gestorben 1944.

CHRANTOX: Geboren, nachdem ich wegging, gestorben, bevor ich zurückkam: Friederike Donath, acht Jahre alt. Das kann nur Werners Töchterchen sein. *(Leiser)* Mein Bruder Werner war mir immer fremd. Es war, als spräche er eine andere Sprache; kein Wort hatten wir gemeinsam; fremd waren wir einander, wie Männer, die sich an Bankschaltern begegnen, sich einen Augenblick fragend ansehen, dann kopfschüttelnd auseinandergehen. Fremd. Gehen wir weiter. Die Gruft der von dem Hügel liegt gleich um die Ecke.

TRÄGER: Wollen Sie nicht für die Toten Ihrer Familie ein Gebet verrichten? Keine Blumen?

CHRANTOX: Blumen? Daran hätte ich denken sollen. Ich werde es nachholen. Ein Gebet? Ich hoffe, die Toten beten für mich: Krumen und Fritzi, die kleine Friederike.

TRÄGER: Sie teilen die Plätze im Himmel sehr großzügig aus. Beten Sie. *(Kurze Pause, dann Träger wütend)* Los, beten Sie. *(Schweigen, Vogelgezwitscher)*

CHRANTOX: Gehen wir. *(Wenige Schritte)* Ich werde nicht hinblicken. Ich setze mich auf diesen Pfeiler hier. Lesen Sie mir nur die vor, die nach 1931 gestorben sind.

TRÄGER: Im Juli sind Sie weggegangen?

CHRANTOX: Ja. Warum?

TRÄGER: Dorothea von dem Hügel, geborene Schmilling, geboren im März 1890, gestorben August 1931.

CHRANTOX: Ach, Annes Mutter – weiter.

TRÄGER: Karl von dem Hügel, geboren 1916, gefallen als Oberleutnant vor Amiens 1940.

CHRANTOX: Annes Bruder. Auch ihn konnte diese verfluchte Erde nicht länger als vierundzwanzig Jahre ertragen. Er war fünfzehn, als ich wegging, 1931: er marschierte mit einer blutroten Fahne durch die Stadt, sang Lieder von Blut und Rache. Glauben Sie, es bedeutet irgend etwas, daß er Oberleutnant war?

TRÄGER: Nichts, es bedeutet nichts, Herr.

CHRANTOX: Weiter.

TRÄGER: Wilhelm von dem Hügel, geboren 1885, gestorben 1942.

CHRANTOX: Annes Vater – weiter.

TRÄGER: Niemand mehr, niemand mehr nach 1931 gestorben.

CHRANTOX: Sie lebt.

TRÄGER: Sie könnten anrufen.

CHRANTOX: Ja. Wie spät ist es jetzt? *(Kurze Pause)* Zwölf Uhr fünfundzwanzig – wie langsam die Zeit vergeht. Wir fahren zum Bahnhof zurück, suchen im Telefonbuch. Vielleicht essen wir etwas. Anne – sie lebt. Vater und Mutter tot, Fritzi und Krumen. Nur Werner lebt, vielleicht Anne.

TRÄGER: Sonst niemand, Herr, von dem Sie wissen möchten, ob . . .? Schulkameraden? Freunde? Lehrer?

CHRANTOX: Einige schon. Wenn mir ihre Namen einfielen und wenn ich Zeit hätte; in fünfunddreißig Minuten geht mein Zug.

TRÄGER: Sie wollen Ihren Aufenthalt nicht verlängern?

CHRANTOX *(scharf)*: Keinesfalls. Gehen wir.

TRÄGER: Wollen Sie nicht beten, Herr? Man besucht nicht ein Grab, ohne für die Verstorbenen zu beten.

(Stille, Vogelgezwitscher, dann Schritte von Chrantox und Träger)

CHRANTOX: Schmilling geborene Frulkam, Frulkam geborene Schmilling, Donath geborene Schmilling. Schmilling geborene Donath. Von dem Hügel geborene von dem Hügel. Vier Namen nur, die sich zweihundert Jahre mischen. Man heiratet sich, mischt sich.

TRÄGER: Sind Sie deshalb weggegangen?

CHRANTOX: Auch deshalb.

TRÄGER: Und das Mädchen?

CHRANTOX: Sie müßte jetzt zweiundvierzig sein. Nach Karls Tod hat sie sicher das Geschäft übernommen. Draht. Teppiche.

(Straßenlärm näher, dann laut)

CHRANTOX: Sie haben wirklich gewartet?

FAHRER: Natürlich, Herr. Sie haben erst fünf Mark zwanzig auf dem Taxameter. Wohin fahren wir?

CHRANTOX: Zum Bahnhof zurück.

IV

(Geräusch des fahrenden Autos. Straßenlärm)

TRÄGER: Sie wollen Ihren Bruder nicht besuchen?

CHRANTOX: Wozu? Wir waren uns damals schon fremd. Glauben Sie, daß wir uns nähergekommen sind, in sechsundzwanzig Jahren Entfernung?

TRÄGER: Er hat eine kleine Tochter verloren, den Bruder, die Schwester, die Eltern, Sie. Sie sollten zu ihm gehen, Herr. Es ist Ihr Bruder.

CHRANTOX: Hatten Sie Brüder?

TRÄGER: Drei Brüder. *(Kurze Pause)* Wilhelm wurde vor Lüttich getötet, 1914, Otto starb 1942.

CHRANTOX: Während der Bombardierung?

TRÄGER: Nein, er starb an einer Angina.

CHRANTOX: Und der dritte Bruder?

TRÄGER: Lebt, aber wir verstehen uns nicht. Er hat studiert. Er schämt sich meiner. So sehr, daß er nie vom Hauptbahnhof abfährt, aus Angst, er könnte mir begegnen. Verstehen Sie das? Haben Sie sich je eines Menschen geschämt?

CHRANTOX: Nein, nicht einmal der Reichen, die ich kannte, habe ich mich geschämt. Nicht einmal meiner Mutter habe ich mich geschämt.

TRÄGER: Ihrer Mutter?

CHRANTOX: Sie trieb es mit anderen Männern, in unserem Haus. Mit Künstlern, mein Vater sorgte für den Ausgleich, der trieb es mit Künstler*innen*.

TRÄGER: Herr!

CHRANTOX: Herr! Krumen wußte es, er sah es, hörte es – man konnte es sogar riechen, Herr!

TRÄGER: Sie, Sie trieben es mit niemanden?

CHRANTOX: Nein.

TRÄGER: Nie?

CHRANTOX: Nie. Nicht einmal mit Sheila, die ich später kennen-lernte. Ich hatte eine Frau da unten – (*zum Fahrer*) würden Sie bitte durch die Sophienstraße fahren?

FAHRER: Wie Sie wünschen, Herr. (*Auto nimmt eine Kurve*)

TRÄGER: Sie waren verheiratet?

CHRANTOX: Ja. Aber meine Frau, ich schickte sie weg, gab ihr Geld; sie wollte (*verächtlich*) ihre Freiheit. Ich gab ihr auch diese.

TRÄGER: Keine Kinder?

CHRANTOX: Nein – ach, die Sophienstraße: tatsächlich, wenig verändert. Nur sind die Fensterrahmen anstatt aus Holz jetzt aus Kupfer. Sie scheinen noch reicher zu sein, als sie waren, und dort, die Knöpfe auf Frulkams Gittertor. Ob das Gold ist?

TRÄGER: Es ist Gold, Herr.

CHRANTOX: Unser Haus, da. Es sieht nach Werner aus: solide, geschmackvoll, unauffällig, aber reich – da, da – da wohnte Anne: sie lebt noch, sie lebt.

FAHRER: Soll ich anhalten, Herr?

CHRANTOX: Nein, fahren Sie weiter.

TRÄGER: Sie lebt noch – woher wissen Sie es?

CHRANTOX: Ich seh's an den Blumen. Geranien, sie schwärmte so für Geranien, aber niemand im Hause erlaubte ihr, sie zu pflanzen, wegen des Geruchs. Man fand Geranien ordinär. Nun, haben Sie nicht gesehen, alle Fenster voller Geranien.

FAHRER: Zum Bahnhof jetzt?

CHRANTOX: Ja, zum Bahnhof.

TRÄGER: Sie wollen wirklich den Zug dreizehn Uhr neun nehmen?

CHRANTOX: Ja. Vielleicht vorher noch etwas essen. Sie werden mir ein Telefonbuch besorgen?

TRÄGER: Man kann es am Büfett leihen.

CHRANTOX: Schön.

FAHRER: Wir sind da, Herr. Sieben Mark achtzig.

CHRANTOX: Behalten Sie den Rest.

FAHRER: Danke, Herr, vielen Dank.

CHRANTOX: Auf Wiedersehen.

(Chrantox und Träger steigen aus, nähern sich dem Bahnhofslärm, Geräusche jetzt wieder wie Szene I)

V

TRÄGER: Hier, das Telefonbuch.

CHRANTOX: Danke. Hier, möchten Sie etwas essen?

TRÄGER: Essen Sie?

CHRANTOX: Ich weiß nicht.

TRÄGER: Es ist zwölf Uhr fünfundvierzig. Sie wollen wirklich essen?

CHRANTOX: Nein, aber trinken. Bier?

TRÄGER: Ja.

CHRANTOX *(zum Kellner)*: Zwei Bier.

KELLNER: Zwei Bier.

CHRANTOX: Schlagen Sie nach. Donath, Anne, Sophienstraße 7.

TRÄGER: Donath?

CHRANTOX *(etwas ärgerlich)*: Ja, ich nehme an, daß sie Krumen geheiratet hat.

TRÄGER: Ihren Bruder?

CHRANTOX *(wütend)*: Fragen Sie nicht. Schlagen Sie nach.

KELLNER: Hier, zwei Bier, bitte.

CHRANTOX: Danke.

TRÄGER *(blättert im Telefonbuch, murmelt)*: Domann, Domschik, Domsch, Don-Bosco-Heim, Donath, Werner, Sophienstraße 9 – keine Anne Donath.

CHRANTOX: Sehen Sie genau nach.

TRÄGER: Ich habe genau nachgesehen. Keine Anne Donath.

CHRANTOX: Schauen Sie unter von dem Hügel nach.

TRÄGER: Unter H oder unter V?

CHRANTOX *(ungeduldig)*: Unter V.

TRÄGER *(blättert im Buch, murmelt)*: von Aaken, Vonderich, Vondessen, von dem Hügel, Anne, Sophienstraße 7.

CHRANTOX: Beruf?

TRÄGER: Nicht angegeben.

CHRANTOX: Sie hat nicht geheiratet. Notieren Sie die Telefonnummer, *(leiser)* sie war sechzehn, als ich ging; wir drei waren immer zusammen, Anne, Krumen und ich; wir fuhren zum See, Wellenreiten, ich lenkte das Boot, Anne und Krumen hinten auf dem Brett; wir lachten, wir schossen unsere Initialen in die Rinde der uralten Eichen: A V D H – P D – und K D. Wenn es regnete, liefen wir tagelang durch den Wald, suchten Beeren und kochten auf schwelenden Feuern Suppen, zu denen wir uns die Bestandteile erbettelten. Grütze, Kartoffeln, manchmal ein Ei. Wir hatten Angst, nach Hause zu gehen, nicht Angst vor der Strafe, Angst vor dem, was unsere Eltern ihre Freiheit nannten.

TRÄGER: Vielleicht hätten Sie Ihren Bruder und das Mädchen mitnehmen sollen.

CHRANTOX: Der Krieg kam.

TRÄGER: Er kam erst 1939, Sie waren schon acht Jahre weg.

CHRANTOX: Oh, Sie geben genau acht. Nein, Krumen wäre nicht ohne Anne mit mir gegangen.

TRÄGER: Und Sie?

CHRANTOX: Ich wäre nicht ohne Krumen gegangen. Mir schien es besser, daß ich allein ging – und allein blieb. Ich war sicher, daß sie im Telefonbuch unter Anne Donath stehen würde.

TRÄGER: Ach.

CHRANTOX: Sie verstehen?

TRÄGER: Nicht ganz.

CHRANTOX: Aber etwas?

TRÄGER: Ja.

CHRANTOX: Mehr verstehe ich auch nicht. An *diesem* Sommerabend war ich sicher, daß *ich* gehen müsse, allein, und ich ging.

TRÄGER: Und doch kehrten Sie um, Ihren Bruder zu holen, nicht das Mädchen.

CHRANTOX: Ja, zweimal kehrte ich um und machte zweimal wieder kehrt. Krumen liebte mich, wie man nur Gott liebt. Ich war für ihn rein, wahr, groß. Alles, was ich tat, war gut, aber *er* hatte die Eigenschaften, die er an mir bewunderte, und es war besser, wir trennten uns und Anne blieb bei ihm. Verstehen Sie?

TRÄGER: Ein wenig mehr, aber nicht alles. *(Leise)* Zwölf Uhr fünfundvierzig, wollen Sie nicht anrufen?

CHRANTOX: Anne Donath hätte ich anrufen können, vielleicht hätte ich sie sogar besucht – aber Anne von dem Hügel; ich kann nicht; ich bin nicht mehr siebzehn. Sechsundzwanzig Jahre älter. Ich habe vieles vergessen, fast alles. Damals war ich sicher, daß es besser sei, allein davonzugehen, ohne einen von beiden oder beide mitzunehmen. Sie verstehen? Ich bezahle Ihnen die Stunde als Schwerarbeit, damit Sie verstehen. Ein guter Dienstmann hört sich Bekenntnisse an.

TRÄGER: Ich verstehe immer mehr. *(Leise)* Zwölf Uhr sechsundvierzig, aber Sie werden den Zug nicht nehmen.

CHRANTOX: Warum sollte ich ihn nicht nehmen?

TRÄGER: Was werden Sie in Athen tun?

CHRANTOX: Ich werde ein Hotel haben. Nicht lange. Ich werde weitersehen. Vielleicht gehe ich zurück oder anderswohin. Ich habe Geld. Rindfleisch stand gut im Preis, und ich hatte viele Rinder. Ich hatte Glück. Vieles tat ich, nicht um Geld zu verdienen – und verdiente doch Geld damit. Ich kaufte den Leuten, die wegzogen, ihr kümmerliches Land ab, ihre Häuser. Ihr Vieh. Ich tat es, damit sie Reisegeld hätten; um ihnen zu helfen. Aber alles schlug in Geld um. Land wurde kostbar, acht Jahre später, Häuser wurden wertvoll, Vieh stieg im Preis. Barmherzigkeit schlug auf mein Bankkonto, Mitleid brachte unerwartete Zinsen.

TRÄGER: Ihre Arbeit war gesegnet.

CHRANTOX: Sie nennen es gesegnet. Doch bin ich nicht Abraham, bin ich nicht Jakob oder Joseph.

TRÄGER: Trinken wir, auf das Wohl Ihres – Ihres Mädchens. Zwölf Uhr fünfzig.

CHRANTOX: Ja, auf Annes Wohl.

TRÄGER: Sie werden gleich anrufen, Sie werden zu ihr fahren und erfahren, daß es damals keinen Grund gab, allein wegzugehen.

CHRANTOX: Krumen, er hätte ohne Anne nicht leben können.

TRÄGER: Sie konnten es.

CHRANTOX: Ja. Auch Krumen ist nicht gestorben, nicht daran – er war vierundzwanzig. Sie haben die Telefonnummer notiert?

TRÄGER: Ja. Es wird Zeit; nur noch eine Viertelstunde, wenn Sie den Zug nehmen wollen, müßte ich die Koffer holen.

CHRANTOX *(steht auf, wirft Geld auf den Tisch)*: Genügt das fürs Bier?

TRÄGER: Ja.
(Beide gehen)
CHRANTOX *(im Gehen)*: Gibt es in den Telefonzellen noch den Knopf, auf den man drücken muß?
TRÄGER: Nein. Sie haben gleich Anschluß. Kein Geräusch.
CHRANTOX: Gut, wählen Sie die Nummer, die Sie notiert haben, verlangen Sie Fräulein von dem Hügel, und wenn sie sich meldet, sagen Sie: Sie werden aus New York verlangt, einen Augenblick bitte. *(Kurze Pause)* Sie wollen nicht? Ich habe Sie engagiert.
TRÄGER: Warum legen Sie so viele Kilometer zwischen Ihre Stimme und die des Mädchens?
CHRANTOX: Weil ich nicht wieder siebzehn Jahre alt werden will; der sechsundzwanzig Jahre wegen lege ich viele tausend Kilometer zwischen ihre Stimme und die meine. So, nun wählen Sie; und wenn Sie die Verbindung hergestellt haben, holen Sie mein Gepäck und bringen es auf den Bahnsteig. Welcher war es?
TRÄGER: Bahnsteig drei.

VI

(In einer Telefonzelle. Geräusch der Wählscheibe)
ANNE: Ja – hier von dem Hügel.
TRÄGER: Frau Anne von dem Hügel?
ANNE: Ja.
TRÄGER: Augenblick, bitte, Sie werden aus New York verlangt.
ANNE: New York?
CHRANTOX: Anne?
ANNE: Paul?
CHRANTOX: Du hast meine Stimme erkannt?
ANNE: Ich wüßte niemanden sonst, der mich aus New York anrufen könnte, nur dich, den es nicht mehr gibt.
CHRANTOX: Es gibt mich noch.
ANNE: Nein.
(Kurze Pause, in der irgendwelche amtlichen Geräusche zu hören sind: Ticken, Surren etc.)
CHRANTOX: Es gibt mich nicht mehr?
ANNE: Nein. Das Jahr, in dem du dreißig geworden bist, war dein Todesjahr für mich.
CHRANTOX: 1944?

ANNE: Ja. So lange hoffte ich noch, du würdest zurückkommen, wenigstens schreiben. Irgend etwas. Warum bist du fortgegangen?

CHRANTOX: Du weißt nicht?

ANNE: Ich weiß, aber du warst klüger als wir beide, die es betraf. Klüger als Krumen und ich.

CHRANTOX: Es war nicht Klugheit.

ANNE: Nein?

CHRANTOX: Es war . . .

ANNE: Was war es? Du hast sechsundzwanzig Jahre Zeit gehabt, darüber nachzudenken, oder hast du nicht darüber nachgedacht?

CHRANTOX: Nicht oft, doch es war nicht Klugheit.

ANNE: Eifersucht?

CHRANTOX: Ein wenig. Und ich dachte, es wäre besser für euch.

ANNE: Es war nicht besser für uns. Es war schlecht. Es war die Hölle, weil du nicht da warst. Du hättest bleiben oder uns mitnehmen sollen.

CHRANTOX: Bleiben? Feldwebel Donath, Leutnant Donath, Gefreiter Donath, gefallen – nein, getötet bei Witebsk, bei Kiew, vor Sebastopol oder vor Berlin?

ANNE: Vielleicht. Und warum nicht? Es gibt dich nicht mehr, du bist nicht gefallen, bist nicht getötet worden, und doch gibt es dich nicht mehr. Für mich nicht.

CHRANTOX: Werner?

ANNE: Ich sehe ihn kaum, und wenn wir uns sehen, sprechen wir nicht von dir.

CHRANTOX: Fritzi ist tot, deine Eltern, meine, auch Karl ist gestorben – du, du warst nicht mit Krumen verheiratet?

ANNE: Nein. Ich dachte nie daran, es zu tun. Mach Schluß jetzt. Das Gespräch wird zu teuer.

CHRANTOX: Ich habe Geld. Laß nur – sprich noch etwas mit dem, den es nicht mehr gibt. *(Kurze Pause)* Du hast nicht geheiratet?

ANNE: Später, als Krumen tot war und als es dich nicht mehr gab. Ich habe mich wieder von ihm getrennt, er wollte – *(verächtlich)* wollte seine Freiheit. Ich habe sie ihm gegeben.

CHRANTOX: Ich hatte auch eine Frau. Auch sie wollte ihre Freiheit. Ich habe sie ihr gegeben. *(Kurze Pause, Chrantox leiser)* Ich möchte dich sehen.

ANNE: Nein.

CHRANTOX: Ich möchte dich sehen.

ANNE: Nein. Wozu?

CHRANTOX: Der zwanzigste Juli, der Tag nach Tante Andreas Begräbnis. Ich lag im Garten draußen, im Gras, als du mit Krumen in der Tür standst. Am zwanzigsten Juli in Kullem.

ANNE: Ach, das hast du gehört? Alles?

CHRANTOX: Ja. In dieser Nacht fuhr ich weg.

ANNE: War es wirklich diese Nacht?

CHRANTOX: Ja.

ANNE: Ich habe ein Kind von Krumen, aber es war später, viel später, kurz bevor er – bevor er starb. Ein Junge. Er ist fünfzehn.

CHRANTOX: So alt war Krumen, als ich wegging. Kann ich ihn sehen, den Jungen?

ANNE: Später.

CHRANTOX: Und dich?

ANNE: Nicht. Wozu. Ich kann nicht. Ich war noch bei Krumen, in der Nacht, bevor sie ihn erschossen.

CHRANTOX: Erschossen, sie haben ihn erschossen?

ANNE: Ja. Auf der Platte an der Familiengruft steht: *fiel*, aber er ist nicht gefallen. Sie haben ihn erschossen, an einer Strohmiete, in einem polnischen Dorf, abends, ganz rasch, wie Mörder es tun. *(Kurze Pause, wieder amtliche Geräusche)* Der Pfarrer war bei ihm, aber Krumen nahm die Tröstungen nicht an; er wollte keinen Trost, und nicht aus diesen Händen. Er war allein, hörst du, allein – hörst du mich noch?

CHRANTOX *(leise)*: Ja, ich höre noch. Warum? Warum haben sie ihn erschossen?

ANNE: Er ließ Gefangene laufen, öffnete die Türen der Waggons, in denen Sklaven nach Deutschland verschleppt wurden. Er schenkte ihnen Brot.

CHRANTOX: Deswegen wurde er erschossen? Weil er ihnen Brot schenkte?

ANNE: Auch deswegen. Ich . . . ich war immer in seiner Nähe, wenn ich eben konnte. Willst du mich immer noch sehen? *(Pause)* Keine Antwort. Hörst du mich noch?

CHRANTOX: Ich höre noch. Wirst du mir Krumens Sohn schicken?

ANNE: Ich schicke ihn dir. Später.

CHRANTOX: Nicht zu spät.

ANNE: Tu alles, damit er nicht Krumens Tod sterben muß. Mich – mich wirst du nicht sehen. Es gibt mich nicht mehr, wie es dich nicht mehr gibt. Ich liebte den Jungen, den siebzehnjährigen, liebte ihn auch, als er weglief, mit dem Auto seiner Mutter, dem Geld seines Vaters. Den Jungen, der seinen Bruder im Stich ließ, ein Kind, das nur an *ihn* glaubte. Ich habe gewartet, wartete noch, als Krumen schon tot war und ich sein Kind hatte, aber es gab einen Zeitpunkt, da gab es dich nicht mehr. Du, du bist ein Fremder mit Pauls Stimme, dreiundvierzig Jahre alt, durch die Welt gekommen. Feldwebel Donath, Leutnant Donath, Gefreiter Donath, getötet vor Witebsk, vor Kiew oder Sebastopol? Nein . . . aber ein Brief, einer nur im Jahr. Nichts.

CHRANTOX: Den Jungen wirst du mir schicken.

ANNE: Ja. Und Krumens Briefe an dich. Es sind viele. Sie liegen noch hier, verschlossen, ungelesen, seit fünfzehn, sechzehn Jahren. Absender: Unteroffizier Donath, *erschossen* bei Bjelogorsche, an einer Strohmiete, abends, allein, allein, hörst du, allein . . .

(Legt den Hörer auf; einige Augenblicke noch amtliche Geräusche, dann hängt auch Chrantox ein, öffnet die Zellentür, Bahnhofslärm wie vorhin, Chrantox' Schritt)

TRÄGER: Dreizehn Uhr fünf. Ihr Zug ist schon eingelaufen: Wien – Belgrad – Athen.

CHRANTOX: Ja. Gut.

TRÄGER: Sie haben . . .?

CHRANTOX: Ich habe mit ihr gesprochen, lange, alles erfahren. Auch mein Bruder ist nicht *gefallen*. Sie haben ihn erschossen, abends, an einer Strohmiete, er war allein, hören Sie, allein.

TRÄGER *(leise)*: Ich höre. Allein.

CHRANTOX: Allein. Und Sie – sind auch Sie allein?

TRÄGER: Ich habe eine Frau. Fünfundvierzig Jahre sind wir verheiratet. Ich glaube, nicht ich bin allein, sondern sie ist es: abends, neben mir im Bett weint sie: ich trockne ihre Tränen – das ist alles. *(Heftig)* Steigen Sie nicht ein, lassen Sie den Zug fahren. Einer Dummheit wegen sind Sie weggegangen – ein Mißverständnis – wiederholen Sie die Dummheit nicht: vielleicht können Sie in zwanzig Jahren neben ihr liegen und ihr wenigstens die Tränen trocknen. Steigen Sie nicht ein.

CHRANTOX: Ich? Mich gibt es nicht mehr. Haben Sie das Gepäck verstaut?

TRÄGER: Ja, erster Klasse, war das richtig?

CHRANTOX: Es war richtig. Und wieviel bin ich Ihnen schuldig?

TRÄGER: Eineinhalb Stunden, Herr. War es schwere Arbeit?

CHRANTOX: Ja. Sieben Mark fünfzig. Dann werden Sie zum

Friedhof gehen: eine Stunde, macht zwölffünfzig. Und Blumen kaufen, für Krumen, für Fritzi, für die kleine Friederike und für Karl.

TRÄGER: Welche Blumen?

CHRANTOX: Rasch, nehmen Sie das Geld, hier, nehmen Sie, der Zug zieht schon an. *(Geräusch des anfahrenden Zuges)*

TRÄGER *(vom Bahnsteig aus)*: Und Ihre Eltern, Herr? Keine Blumen?

CHRANTOX: Meinetwegen. Und winken können Sie mir.

TRÄGER *(ruft)*: Ich werde winken, als Ihr Bruder, Ihr Mädchen, Ihre Schwester, als Ihre kleine Nichte, die Sie nie sahen . . . Auf Wiedersehen.

(Geräusch des fahrenden Zuges heftiger)

CHRANTOX: Nur ein paar Handbewegungen, ein paar leichte Handbewegungen, schon ist nichts mehr zu sehen.

(Das Geräusch des fahrenden Zuges stärker)

Bilanz [1957]

Personen

Clara, Ende Fünfzig
Martin, Anfang Sechzig
Kramer, Anfang Sechzig
Lorenz, Mitte Dreißig
Albert, Mitte Dreißig

(Stille – hin und wieder – in längeren Abständen – durch eins der Geräusche unterbrochen, wie man sie im Sommer an Sonntagnachmittagen bei offenem Fenster in ruhigen Wohnvierteln hört: Lachen, Geräusch von Kaffeegeschirr, aufschlagende Ping-Pong-Bälle, ein langsam vorüberfahrendes Auto)

CLARA: Noch keine Antwort?

MARTIN: Nein.

CLARA: Wie lange sind die Telegramme weg?

MARTIN: Zwei Stunden schon.

CLARA: Es könnte Antwort da sein, wenigstens von einem der Kinder.

MARTIN: Sie werden aus sein.

CLARA: Ja. Wer bleibt schon an einem solchen Nachmittag zu Hause: Sommer, Sonntag, Sonne – oder hast du vielleicht das Telefon überhört?

MARTIN: Nein. Ich habe achtgegeben. Habe ich je das Telefon überhört?

CLARA: Nein, nie. Solange wir verheiratet sind, nicht einmal. Ich hatte nur immer Angst, wir konnten es überhören.

MARTIN: Die Kinder sind aus, Clara.

CLARA: Sie werden spät nach Hause kommen, vielleicht erst in der Nacht, sie werden unter der Tür den gelben Briefumschlag sehen, ihn aufheben, aufreißen, lesen – was hast du geschrieben?

MARTIN: Mutter sehr schwer erkrankt, wünscht euch alle zu sehen. Vater.

CLARA: Du hättest schreiben sollen: Mutter stirbt, Mutter stirbt, kommt!

MARTIN *(ruhig)*: Du wirst nicht sterben, Clara.

CLARA *(ruhig)*: Ich werde sterben, heute, heute – bevor die Sonne untergegangen ist, werde ich tot sein. Ich habe es im Gesicht des Arztes gelesen, ich habe es an seinen Händen gerochen: meinen Geruch; ich habe es in seiner Stimme gehört, an seiner Handbewegung gesehen, als er seine Tasche schloß. Und ich durfte nicht wissen, was auf dem Etikett der Ampulle stand. Du hast es gelesen, du weißt es. Was hat er dir gesagt? *(Kurze Pause)* Du antwortest nicht.

MARTIN: Er hat gesagt, es sei ernst.

CLARA: Ernst, ja, es ist ernst. Ich will dich nicht zwingen, mir genau zu wiederholen, was er gesagt hat. Ich will dich nicht quälen, aber ich bitte dich, sprich so mit mir, als ob du glaubtest, daß ich ... daß ich ... willst du das tun?

MARTIN: Ich will es tun, obwohl . . .

CLARA *(unterbricht ihn)* : Lüge nicht. Sag nicht »obwohl«. Obwohl ist kein Wort, das man zu einer Sterbenden sagt. Ich will auch nicht wissen, was der Pfarrer zu dir sagte, als er ging. Drei Minuten lang hat er draußen mit dir geflüstert.

MARTIN: Drei Minuten?

CLARA: Drei Minuten und sechsundzwanzig Sekunden lang. Ich habe auf die Uhr gesehen, den Sekundenzeiger nicht aus dem Auge gelassen; im Kreis ging er, immer rund – warum sind Uhren rund? Ist dir nie aufgefallen, wie lächerlich die winzigen Sekundenzeiger sind, immer hinter etwas her, das sie nie einholen werden, nie; sie sind so fleißig, sinnlos fleißig, sie holen das, was sie einholen möchten, nie ein. Drei Minuten und sechsundzwanzig Sekunden lang warst du mit dem Pfarrer allein. Ich will nicht wissen, was er dir gesagt hat.

MARTIN: Du hast keine Schmerzen mehr?

CLARA: Nein. Der Inhalt der Ampulle hat sie gelöscht. Noch nie habe ich mich so frei von Schmerzen gefühlt – das macht mich mißtrauisch.

MARTIN: Beim letzten Anfall hast du auch eine Injektion bekommen.

CLARA: Aber nicht diese. Ich habe schon viele Anfälle gehabt, schon viele Spritzen bekommen, aber heute – du hast nicht seine Hände gesehen, als er seine Tasche schloß . . .

MARTIN: So viele Anfälle, so viele Spritzen . . . warum . . .

CLARA *(unterbricht)* : Wir wollen nicht darüber streiten: du weißt es, ich weiß es. Martin, sag mir alles, was du mir sagen würdest, wenn du es zugeben könntest – *(kurze Pause)* sprich, was hast du mir zu sagen? Nichts?

MARTIN: Du weißt, daß ich dich liebe. Sag *du* mir, was könnte ich dir noch geben, wenn – wenn deine Frist wirklich so kurz bemessen wäre.

CLARA: Ich will dir sagen, was ich mir wünsche, schon solange ich lebe: ich hätte so gern auf dieser Welt einen Menschen wirklich gekannt.

MARTIN: Du kennst mich nicht?

CLARA: Kennst du mich?

MARTIN: Wir sind achtunddreißig Jahre miteinander verheiratet; fünf Kinder haben wir gehabt, vier haben wir noch.

CLARA: Ja, und einen Schwiegersohn, eine Schwiegertochter und drei Enkelkinder.

MARTIN: Was ist? Was willst du, Clara?

CLARA: Ich sagte nur, ich hätte so gerne auf dieser Erde einen Menschen wirklich gekannt.

MARTIN: Kennst du mich nicht?

CLARA: Kennst du mich? *(Kurze Pause)* Wir kommen immer wieder an den Punkt, wo wir antworten müßten: ja oder nein, aber wir antworten nicht.

MARTIN: Wir hatten kein schlechtes Leben miteinander; ein paar Jahre waren hart. Wie viele waren es? Nicht viele, aber haben wir nicht gelebt?

CLARA: Wir haben gelebt, und etwas, wovor ich mich als Kind schon fürchtete, ist mir erspart geblieben: nie habe ich mich gelangweilt. Es war ein schönes Leben, sogar Geld hatten wir meistens genug. Ein Auto, ein Haus, erfolgreiche Kinder – bis auf eins; eins unserer Kinder war nicht erfolgreich.

MARTIN: Clara.

CLARA *(leise)*: Du mißverstehst mich. Ich meinte nicht Lorenz – ich meinte Lieselotte, meine kleine Tochter, die von mir ging. Wundstarrkrampf! Wer denkt daran, wenn ein siebzehnjähriges Mädchen vom Fahrrad stürzt; eine Wunde, ein Pflaster drauf – wer denkt an den Tod? Aber er kam, er kam, an einem Sommernachmittag, sonntags, an einem Tag wie heute; die Straßen waren leer, heiß und still – irgendwo gröhlte jemand, der sich zu früh betrunken hatte, aber das Gröhlen entfernte sich in den Tiefen der Allee. Und ich sah's auf dem Gesicht des Arztes, roch es an seinen Händen, als er an meinem Gesicht vorbei nach Lieselottes Puls griff – und auf dem Gesicht des jungen Mannes, der an Lieselottes Grab so fassungslos weinte. *(Bricht ab)*

MARTIN: Was war mit ihm? Benjamin Hufs?

CLARA: Ja, Benjamin Hufs. Er hatte diesen Körper gekannt, der dort unten im Sarg lag – dieses Fleisch. Meine Tochter Lieselotte – Sie war so lieb und still, aber Benjamin Hufs ...

MARTIN: Warum quälst du mich, Clara? Warum?

CLARA: Ich wollte dich nicht damit quälen. Verzeih mir. Tut es dir weh? Mich tröstet es.

MARTIN: Es tröstet dich? Ich kann es nicht glauben. Warum sagst du es?

CLARA: Weil ich es weiß. Ich wußte es damals schon, aber vier Jahre später hat er selber es mir gesagt.

MARTIN: Benjamin selber?

CLARA: Ja. Er besuchte mich, als er in Urlaub kam. Draußen in Gruhlshof saßen wir auf der Terrasse; es war ein Herbsttag,

warm und heftig; ja, ein heftiger Herbst; damals, als er es
sagte, war ich böse – aber nun ist auch Benjamin schon lange
tot. Ich bin nicht mehr böse. Sei nicht traurig, Martin.

MARTIN: Meine Tochter Lieselotte, warum hast du mir das gesagt?

CLARA: Nicht um dir weh zu tun. Es sollte dir nicht weh tun!
Tut es weh?

MARTIN: Weh – ach, was heißt das. Ich dachte jeden Tag an sie,
jeden Tag. Sie wäre jetzt eine junge Frau, hätte einen Mann,
Kinder – eine schöne Frau, jung. Sie war so vernünftig. Ich
holte sie oft von der Schule ab, lud sie zum Kaffee ein, oder zu
einem Eis, ich trank Bier und las die frische Abendzeitung.
Weißt du, was es heißt, mit einer siebzehnjährigen Tochter
auf einer Terrasse zu sitzen und die Abendzeitung zu lesen?
Menschen gehen vorüber – ein Nachmittag – das Lächeln
deiner Tochter. Warum sagst du mir solche Dinge? Vielleicht
ist es nicht wahr, vielleicht hast du etwas Falsches auf Benja-
mins Gesicht gelesen – vielleicht hat er dir etwas vorgelogen,
etwas, von dem er wünschte, daß es wahr wäre.

CLARA: Vielleicht hast du recht. Tut es dir wirklich so weh?

MARTIN: Weh? Ach, daß du es mir sagst, jetzt, wo wir so miteinander sprechen, als ob du –

CLARA: Als ob ich sterben würde? Ich werde sterben. Vielleicht
macht mich die Trauer so böse. Aber es war nicht Bosheit.

MARTIN: Was war es? Warum hast du es gesagt?

CLARA: Weil ich so gerne einen Menschen gekannt hätte. Nicht
einmal Lieselotte habe ich gekannt, nicht einmal meine kleine
Tochter, die so lieb war, so still. Dunkel wurde ihr Gesicht
plötzlich, an einem Nachmittag wie dieser. Sommer, Sonntag,
Sonne – ein Betrunkener gröhlte in der Allee; der Arzt brachte
den Tod auf seinen müden Schultern mit. *(Kurze Pause)* Lieselotte meinte ich, als ich vom einzigen unserer Kinder sprach,
das nicht erfolgreich war.

MARTIN: Ich dachte an Lorenz. *(Pause)* Du warst so bitter nach
Lieselottes Tod, viele Jahre lang.

CLARA: Ich war bitter. Und böse. Du nicht, du warst nicht
bitter.

MARTIN: Nein, ich trauerte nur, ich trauere immer noch. Meine
Tochter, siebzehn Jahre alt. Benjamin Hufs – er kam oft zu
mir, damals, als ich mein Büro noch hatte; nachmittags saß
er da oben, weißt du, in dem Büro am Ottonenwall; er blickte
auf den Springbrunnen hinunter, auf den Friedhof an der Ur-

sulinenkirche. Er wollte Jurist werden, ich gab ihm Akten zu lesen; er verschlang sie, wie ein Hungriger Brot verschlingt. Dieser Junge . . .

CLARA: Er ist tot. Bist du böse auf ihn?

MARTIN: Ach, nein. Lieselotte . . .

CLARA: Ich wollte von Lieselotte sprechen. Es kam wie ein Seufzer. Du dachtest an Lorenz. Hast du auch ihm ein Telegramm geschickt?

MARTIN: Es hätte keinen Sinn gehabt. Ich habe Kuslick angerufen. Es wird schwer sein, ihn – er – du weißt.

CLARA: Ich weiß – Dreimal schon hast du dich für ihn verbürgt und jedesmal hat er dich 'reingelegt. *(Erregter)* Glaubst du, sie werden ihn 'rauslassen?

MARTIN: Ich habe alle angerufen, die etwas tun können. Aber du weißt, zweimal schon ist er – ist er nur 'rausgelassen worden, weil wir sagten – wir . . .

CLARA: Wir sagten, ich würde sterben, nicht wahr? Aber dann starb ich nicht und *(lacht)* Lorenz war weg. Wen hast du angerufen?

MARTIN: Kuslick. Pechwenn – und den Präsidenten.

CLARA: Kramer?

MARTIN: Ja.

CLARA: Was hat Kramer gesagt?

MARTIN: Er hat mir versprochen, alles zu tun.

CLARA: Hat er die Macht und die Möglichkeit, durchzusetzen, daß Lorenz kommt?

MARTIN: Er allein hat die Macht und die Möglichkeit – er entscheidet es. Es fiel mir schwer, ihn noch einmal darum zu bitten. Wenn Lorenz kommt und wieder – sein Wort bricht, kann es Kramer die Präsidentschaft kosten. Gerade weil es Lorenz ist.

CLARA: Ich verstehe nicht.

MARTIN: Der Sohn eines Kollegen, eines Freundes. Es sitzen Hunderte in den Gefängnissen, deren Mutter – schwer erkrankt ist.

CLARA: Martin, ich *muß* Lorenz sehen, ich *muß.* Laß mich mit Kramer sprechen. Bitte, laß mich. Hast du Kramer gesagt, was der Arzt dir an der Tür gesagt hat?

MARTIN: Kramer wird ihn schicken. Aber Lorenz ist nicht im Stadtgefängnis. Er ist draußen in Bahnweiler, zur Landarbeit kommandiert.

CLARA: Vielleicht ist er heute geflohen.

MARTIN: Kramer selber will ihn herbringen.

CLARA: Ich will nicht Kramer sehen, Lorenz will ich sehen. *(Heftig)* Nicht Kramer.

MARTIN: Kramer wird ihn nicht allein lassen, nicht einen Augenblick.

CLARA: Hat er das gesagt?

MARTIN: Ja, er wird ihn bringen und ihn nicht aus den Augen lassen.

CLARA: Hoffentlich ist Lorenz heute geflohen.

MARTIN: Dann würdest du ihn heute nicht sehen.

CLARA: Es wäre mir lieber als Kramer mit ihm zu sehen.

MARTIN: Ich könnte Kramer anrufen. Aber sicher ist er schon unterwegs nach Bahnweiler. Warum willst du Kramer nicht sehen? Er war doch immer unser Freund, er war immer wohlwollend – was er für Lorenz getan hat! Was er unseretwegen riskiert hat. Ich begreife nicht. Soll ich die beiden nicht zu dir lassen?

CLARA: Kramer nicht – aber meinen Sohn, kann ich Lorenz abweisen, wenn ich weiß, daß ich sterben werde?

MARTIN: Du wirst nicht sterben.

CLARA: Lüge nicht. Würdest du Kramer anrufen, ihn bitten, Lorenz herzubringen, wenn du nicht wüßtest? Ach *(lacht)* Martin, du hast nie lügen können, nie gut. Du warst immer ein Stümper im Lügen. Achtunddreißig Jahre lang kenne ich dich, nicht oft hast du versucht, mich zu belügen. Sechsmal –vielleicht siebenmal in achtunddreißig Jahren – das erstemal, als sie dich 'rausekelten, und du morgens weiter mit deiner Aktentasche, deiner Thermosflasche voll Tee, mit deinen belegten Broten an die Straßenbahn gingst, um mir vorzutäuschen, du wärest noch im Dienst – und doch hatte ich mittags, als du mich anriefst, an deiner Stimme gehört, daß sie dich 'rausgeekelt hatten – das zweitemal, als du dein Büro aufgeben mußtest, du weißt . . .

MARTIN: Willst du nun alle meine Lügen aufzählen?

CLARA: Nein – aber jetzt hast du dich verraten; wenn ich nur schwer krank wäre, würdest du nicht den Herrn Präsidenten Kramer bitten, Lorenz zum vierten Male 'rauszulassen, nachdem er dreimal sein Wort gebrochen hat.

MARTIN: Ich kann nicht glauben, daß du sterben mußt, Clara. Du bist krank, sehr schwer krank, aber viele, die sehr viel schwerer krank waren als du, sind wieder gesund geworden.

CLARA *(sanft)*: Lüge nicht, Martin. Es gelingt dir nicht. Wenn du lügst, brauchst du Worte, wie kleine Jungen sie Erwachsenen ablauschen. Lüge nicht. Ich – ich kann lügen.

MARTIN: Hast du mich oft belogen?

CLARA: Du weißt es, nicht wahr?

MARTIN: Ich weiß, aber sicher gibt es Lügen, von denen ich nicht weiß.

CLARA: Willst du sie wissen, jetzt?

MARTIN: Du hast schon zugegeben, daß es diese Lügen gibt, von denen ich nicht weiß.

CLARA: Lieselotte – alles, was ich über sie sagte, es kam aus mir heraus, ohne daß ich es wollte. Wäre es eine Lüge gewesen, wenn ich es nicht gesagt hätte? Wäre sie nicht mehr deine Tochter?

MARTIN: Sie ist noch meine Tochter, *(mit veränderter Stimme, leiser)* und du warst immer meine Frau und wirst es sein, bis der Tod uns scheidet.

CLARA: Er wird uns scheiden, bald, Martin.

MARTIN: Ich kann es nicht glauben. Du liebst das Leben. Wenn du sicher wärst, daß du – du wärst nicht so ruhig.

CLARA: Ich bin nicht ruhig. Ich bin bitter, vielleicht werde ich bald böse sein. Ich habe Frieden mit meinem Körper. Der Inhalt dieser Ampulle hat Waffenstillstand herbeigeführt; vielleicht habe ich Frieden mit Gott – aber noch nicht mit den Menschen.

MARTIN: Bitter bist du? Böse? Auf mich?

CLARA: Nein, nicht auf dich. Auf dich am allerwenigsten von allen Menschen. Ich liebte dich immer.

MARTIN: Wirklich immer?

CLARA: Wovon sprichst du?

MARTIN: Du weißt.

CLARA: Wollen wir darüber sprechen?

MARTIN: Du wolltest doch so gerne einen Menschen wirklich kennen? Kennst du mich nicht?

CLARA: Jetzt müßte ich sagen: kennst du mich? und wir wären wieder, wo das Ausweichen anfängt, jenes Ausweichen, das ich übte, indem ich von Lieselotte sprach, wo wir von Lorenz hätten sprechen müssen. Aber erst will ich dir antworten: nein, ich kenne dich nicht. Keinen Menschen auf dieser Welt kenne ich so gut, wie ich dich kenne, und doch: nichts weiß ich. Damals gingst du abends immer allein aus, eine Stunde, zwei, drei, manchmal länger, allein.

MARTIN: Ich trank ein wenig, ging spazieren – um mich zu trösten – es war eine schlimme Zeit; kein Geld, keine Aussicht – die Kinder blickten mich fragend an . . . und du – wenn du da warst, blicktest du an meinen Augen vorbei. Du blicktest mir voll ins Gesicht – und mich doch nicht an – geübt warst du darin, den Blickwinkel deiner Augen gerade um soviel schräg zu stellen, daß du an mir vorbeisehen konntest.

CLARA: Ich weiß – du trankst ein wenig, gingst spazieren, um dich zu trösten; kein Geld, keine Aussichten, die Kinder blickten dich fragend an – und ich blickte an dir vorbei – aber was dachtest du in all diesen Stunden, was dachtest du?

MARTIN: Ich dachte an vieles, meistens an die beiden Kinder, die ich nicht besaß, an Lieselotte und Lorenz. Manchmal besaß ich sie wieder; sie waren so alt, wie ich sie mir wünschte; meine Lämmer – sie lebten. Eine junge Frau küßte mich auf die Wange, zeigte mir ihr Kind, nahm die Blumen, die ich ihr brachte, ließ Wasser in eine Vase laufen, ordnete die Blumen und zeigte mir lächelnd, wie schön sie waren. Ein junger Mann fuhr mich im Auto über ein Rollfeld, weit, weit, über Grün, bis zu einem kleinen Schuppen. Wir hielten an, stiegen aus, und er holte ein kleines Flugzeug aus dem Schuppen – dann flogen wir, hoch über die Wolken, weit übers Meer, sahen die zackigen Ränder fremder Inseln, Flüsse, die sich durch Wälder wanden, Eis, ewiges Eis. Ich und mein junger Ikarus. Manchmal auch sah ich dich – wie ich zu dir ins Zimmer kam, im Jahre neunzehnhundertachtzehn; drei Tage lang hattest du im Hotel Belvedere auf mich gewartet, im Koffer hattest du ein Brot, ein Nachthemd, ein Glas Marmelade; in der Handtasche Puder, ein Taschentuch und zehn Zigaretten – die waren für mich. Drei Tage hattest du gewartet; du warst nicht meine Frau, nicht einmal meine Braut.

CLARA *(unterbricht ihn)*: Und ich war genauso alt, wie Lieselotte war, *(kurze Pause)* hörst du? *(Pause)* Ob du hörst?

MARTIN: Ja, ich höre – hast du es mir deshalb gesagt?

CLARA: Auch deshalb.

MARTIN: Ach? Was war der andere Grund?

CLARA: Ich saß auf dem Bett und weinte, weil der Portier mich hinauswerfen wollte. Ich hatte kein Geld, keinen Paß, kein Gepäck. Ich war von zu Hause weg, ohne zu sagen, wohin ich ging, ohne zu fragen. Siebzehn Jahre alt, in einem Hotel, das Belvedere hieß; die Luft roch nach Hunger, die grauen Fassaden der Häuser sahen aus, als wüßten sie, daß etwas zu Ende ging.

MARTIN: Es ging etwas zu Ende. Jemand hatte mir gesagt, in der Stadt schlagen sie alle tot, die Offizierepauletten tragen, und ich trug welche. Seit drei Wochen war ich Leutnant. Nun, sie schlugen mich nicht tot, als ich durch die Sperre ging – ich bekam ein Brot, vier Zigaretten – und meine Pistole abgenommen. Ich war froh, daß ich sie los war. Der Portier im Belvedere sah mich mißtrauisch an, als ich auf dein Zimmer wollte, aber ich gab ihm das Brot, und sein Mißtrauen schmolz.

CLARA: Warum mußtest du trinken oder allein spazierengehen, um das alles zu sehen? Ich war zu Hause, ich wartete auf dich.

MARTIN: Du warst nicht immer zu Hause, wartetest nicht immer auf mich, nicht wahr?

CLARA *(leise)*: Ja.

MARTIN: Du trafst dich mit einem Mann, von dem ich nicht wußte, wer es war. Ich wollte es nicht wissen.

CLARA: Du weißt immer noch nicht, wer es war?

MARTIN: Nein.

CLARA: Willst du es wissen?

MARTIN: Nein. Nur eins möchte ich wissen: warum hast du es getan?

CLARA: Ich weiß nicht, warum. Ich will nicht davon sprechen. Es war wie eine Krankheit – schnell vorüber.

MARTIN: Tut es dir weh, davon zu sprechen?

CLARA: Ja, es tut weh – es ist schlimmer als Lieselottes Tod.

MARTIN: Sprechen wir nicht davon. *(In anderem Ton)* Immer noch nichts von den Kindern.

CLARA: Noch nichts – nein. Albert wird seinen Spaziergang mit Frau und Kind noch nicht absolviert haben. Durch den Park, um den Weiher herum; Kaffee und Kuchen im Restaurant; ein Foto am Barbarossadenkmal; zurück durch den Park, um den Weiher herum, auf den Aussichtsturm hinauf, wieder ein Foto: die scharfe Linie des Horizonts, aus der Kirchtürme aufsteigen wie die Masten versunkener Schiffe, einzelne Häuser wie Strandgut. Mein Sohn Albert: schon fertig, als er auf die Welt kam; freundlich, intelligent, selbstlos – und immer wußte er, wenn mich etwas quälte; er kam zu mir in die Küche, ins Wohnzimmer, oder er setzte sich an mein Bett, legte seine Patience vor mir aus, blickte mich lächelnd von den Karten herauf an, berührte wie zufällig meinen Arm. Fertig. Schule, Studium, Beruf; eine reizende Frau, ein liebes Kind, ein guter Gatte – seit zwanzig Jahren sonntags vom Aussichtsturm herunter das Foto, die Linse auf den Kirchturm von Bahnweiler gehalten: dieses Foto vergrößert auf fünfzig mal fünfzig – dann mit der Lupe betrachtet: hast du einmal diese Fotos genau betrachtet: der Atem bleibt dir stehen – der dreißigjährige Vater, den du im Garten neben der Kirche siehst, ist jetzt fünfzig: sein zehnjähriger Sohn ist dreißig, spielt mit seinem zehnjährigen Sohn – der Kuchen immer derselbe: Pflaumenkuchen mit Sahne – wie die Bäume wachsen, wachsen – dann werden sie gefällt – andere sind auf ihre Höhe angewachsen: so verändert sich das Profil von Bahnweiler nur wenig. *(Erregter)* Hast du die Bilder einmal alle hintereinander gesehen: tausend sind es – tausendmal Bahnweiler am Sonntagnachmittag, vom Aussichtsturm herunter geknipst – die Hühner am Bach, die Inschrift um die Kirchturmuhr herum, die wohl noch nie jemand gelesen hat: Es ist schon später, als du glaubst. Bahnweiler bei Regen, bei Sonne, im Schnee, im Krieg und im Frieden: ein Dorf, wie es Hunderte in dieser tödlichen Ebene gibt. Mein Sohn Albert . . . punkt halb sieben ist er sonntags von seinem Spaziergang zurück – fünf nach halb sieben wird er anrufen oder schon mit einem Taxi hier sein. Wie spät ist es jetzt?

MARTIN: Dreiviertel sechs.

CLARA: Fünfzig Minuten noch, dann werde ich Alberts Stimme hören, vielleicht schon seine Hände spüren, in seine Augen sehen. Joseph wird spät nach Hause kommen, sicher ist er mit einem Mädchen aus. Sehr spät wird er kommen, vielleicht erst am Morgen: müde, mürrisch, mit diesem Gesicht, das er als Sechsjähriger schon hatte, wenn ich ihn morgens für die Schule weckte. Dieses Gesicht, das mich rasend machen konnte, weil es wie trunken war von Gleichgültigkeit; so blieb dieses Gesicht bis nachmittags um drei; sobald die Schulaufgaben, wenn auch nur scheinbar, gemacht waren, wurde dieses Gesicht anders – erinnerst du dich? Es leuchtete auf, wurde hell. Joseph, er liebte die Nachmittage, die Abende und die Nächte – er tat seine Pflicht, gleichgültig und mürrisch, aber er tat sie; bis nachmittags um drei brachte er kaum den Mund auf – weißt du noch, wie wütend sie in der Schule waren, als er einmal drei Wochen hintereinander keine Antwort gab? Joseph – er ist mit einem Mädchen aus, wird vor morgen früh nicht zu Hause sein. Ihn werde ich nicht mehr sehen, nie mehr, meinen Kleinen. Schule, Krieg, Schule, Beruf – weg. Hast du ihn je in seinem Büro besucht und gesehen, wie er arbeitet? Wie er Briefe diktiert? Seine Augen hart und dunkel vor Gleichgültigkeit – und hast du je vor dem Tor gestanden, wenn er unten beim Pförtner herauskommt? Dieses Kind – vielleicht kommt er heute früher nach Haus ... vielleicht solltest du seiner Wirtin telegrafieren, die wohl weiß, wo er ist.

MARTIN: Ich habe seiner Wirtin schon telegrafiert, obwohl ...

CLARA *(sanft)*: Kein Obwohl, Martin. Obwohl ist kein Wort, das man zu einer Sterbenden spricht. Du hast ihr telegrafiert – an alles hast du gedacht. Auch an Clara, nicht wahr? Im Lügen war sie wie du. Sie konnte nicht lügen, sie, die die Kunst des Lügens so nötig gebraucht hätte; ihr Lächeln verwandelte die Männer in Narren – sie säte Narrheit aus, spielte mit den Menschen – bis sie erfahren mußte, daß sie nicht Jäger, sondern Beute war; sie wurde gefangen, ängstlich hockt sie in der Falle, gezähmt wäscht sie Windeln, kocht Suppen, holt Pantoffeln herbei; mein hübscher kleiner Vogel, gestutzt sind die Flügel, glanzlos die Augen geworden. Helden mit den wildesten Orden auf der Brust weinten vor ihrem Fenster, junge Poeten schrieben ihr lange Briefe – Männer, die in den Tod fuhren, dachten an nichts anderes als an sie, und nun – aber Clara müßte doch zu Hause sein, nicht wahr?

MARTIN: Ja, du hast recht, ich könnte hinfahren, nachsehen, ob ...

CLARA: Nein, bleib, bleib bei mir. Lorenz wird bald kommen. Ausgerechnet Lorenz wird als erster hier sein – Lorenz, manchmal weiß ich nicht mehr, wie er aussieht. Habe ich ihn je gesehen, ihn je gehabt – was tat er, als er fünf war? Ich weiß nicht. Als er zehn war, war er immer unterwegs – mit Mutters altem Regenschirm sprang er vom Dach des Forts herunter ... immer weg, in Gräben, in Höhlen, auf Bäumen – und dann in der Segelfliegerschule ... Fliegen, dann Krieg, Fliegen – Frieden – ich weiß nicht: wo ist er gewesen, mein Sohn? Gefängnis, Krieg, Gefängnis, Frieden – nicht einmal Brot habe ich ihm jeden Tag gegeben, als er noch Kind war. Ich sehe die Hände all meiner Kinder. Hände, in die ich Brot legte und Äpfel, Schokolade – schmutzige Hände, die ich wusch – aber seine Hände sehe ich nicht. Er hat sie mir nie entgegengestreckt, um etwas zu empfangen. Manchmal nur brachte er etwas: Nüsse, Vogelfedern, Steine – ein Flugzeugmodell. Seinen Ranzen – hatte er einen?

MARTIN: Er hat von seinem Ranzen nie viel Gebrauch gemacht.

CLARA: Ich werde ihn sehen, Martin, bald – ausgerechnet ihn als ersten.

MARTIN: Bist du so sicher, daß Kramer ihn bringen wird?

CLARA: Ich bin ganz sicher, daß Kramer ihn bringen wird.

MARTIN: Ja, er war immer ein guter Freund. Als Student schon. Ich bewunderte ihn immer. Er hatte so etwas Strahlendes, Aufrichtiges und er war jederzeit bereit . . .

CLARA *(unterbricht ihn)*: Seltsam, deine Worte klingen wie auswendig gelernt. Du kannst nicht einmal dann lügen, wenn du selber nicht weißt, daß die Worte, die du sprichst, gelogen sind. Sogar diese Lügen höre ich heraus.

MARTIN: Kramer? Warum sollte ich lügen, wenn ich von ihm spreche?

CLARA: Du lügst, ohne es zu wissen. Er sieht immer noch strahlend aus – ja. Sicher ist er das, was man einen guten Kameraden nennt. Aufrichtig, von dir bewundert. Es quält mich so, das zu hören – es tut weh.

MARTIN: Weh tut es? So weh wie das, worüber wir eben zu sprechen anfingen?

CLARA: Es tut mehr weh. *(Leiser)* Du kanntest ihn, lange bevor du mich kanntest, nicht wahr?

MARTIN: Wir waren auf der Schule zusammen, zusammen beim Militär, im Krieg in derselben Kompanie, wir studierten zusammen, machten am selben Tage Examen, und du weißt, wir wären verhungert, wenn er uns damals nicht geholfen hätte.

CLARA: Ja, ich weiß.

MARTIN: Kanntest du ihn, bevor wir heirateten?

CLARA: Nein, ich lernte ihn erst als deinen Freund kennen. Später, wir waren schon drei Jahre verheiratet. Albert war schon geboren, Lieselotte war unterwegs. Er brachte mir Blumen, als Lieselotte auf die Welt kam. Damals warst du sein Vorgesetzter.

MARTIN: Heute ist er meiner.

CLARA: Er ist Präsident geworden, und er wird mir Lorenz bringen.

MARTIN: Es ist ein großes Opfer für ihn. Du solltest begreifen, was er damit riskiert.

CLARA: Er würde alles riskieren, um Lorenz zu bringen. Hast du ihm gesagt, daß ich – was der Arzt gesagt hat?

MARTIN: Ich habe gesagt, daß es sehr ernst ist.

CLARA: Wann hast du mit ihm gesprochen?

MARTIN: Als der Pfarrer gegangen war. Vor einer halben Stunde.

CLARA: Wie lange braucht er mit dem Auto bis Bahnweiler?

MARTIN: Zwanzig Minuten vielleicht, nicht mehr.

CLARA: Dann wird er in zwanzig Minuten hier sein, vielleicht früher. Zehn Minuten braucht er sogar als Präsident, um Lorenz herauszuholen. Gott straft mich, daß ich Lorenz nicht sehen kann, ohne Kramer zu sehen.

MARTIN *(leise)*: Kramer?

(Stille, in der ein Geräusch besonders hart durchklingt: vielleicht Kinderlachen, Ping-Pong-Bälle, Klirren von Kaffeegeschirr)

MARTIN *(leise)*: Clara, warum?

CLARA: Weil ich dich liebe – und weil er kommt – und du würdest es gewußt haben, auch ohne daß ich es sage. Und vielleicht wird dir beschert, was ich wohl nie bekommen werde: einen Menschen wirklich zu kennen. Mich. Mich, die du liebst. Wollen wir schweigen? Es gibt Dinge, die erst schrecklich werden, wenn man sie ausspricht.

MARTIN: Nein, sprich.

CLARA: Stunden, Tage – wenn ich Stunden und Tage zusammenrechne, sind es Monate, vielleicht Jahre, die du allein warst. Trinken? Spazierengehen? Ja, ich weiß – aber du dachtest in dieser Zeit, sprachst – woran dachtest du, mit wem sprachst du? Nicht dreißig Sekunden lang konntest du mir erzählen, was du in dieser Zeit gedacht und getan hast.

MARTIN: Vielleicht war ich krank. An Ekel erkrankt. Ich habe immer gedacht: ich habe eine Frau, ich habe Kinder, einen Beruf, der genug einbringt, um sie zu kleiden, zu ernähren. Mehr wollte ich nicht. Pflicht, Arbeit, eine Frau, Kinder – aber ich hatte die Frau, hatte die Kinder nicht, und als der Beruf anfing, mich zu Verbrechen zu zwingen, gab ich ihn auf. Ekel, blutige Handtücher in den Garderoben der Schergen – Arbeiter wühlten wie Maulwürfe im Hof, um immer neue Keller zu bauen, Keller. Das war das Jahr, in dem Lieselotte starb und du immer an mir vorbeiblicktest – das Jahr, in dem Lorenz von zu Hause wegging.

CLARA: Damals liebte ich dich mehr als je – wenn es dieses Mehr-und-weniger gibt, und gerade damals, um diese Zeit, nach Lieselottes Tod . . . *(bricht ab)*

MARTIN: Was war damals, um diese Zeit?

CLARA: Damals fingst du an, zu trinken. *(Leise)* Diese Leidenschaft war wie ein Landregen, dauerhaft und mild. Je trunkener du warst, desto stiller wurdest du. Und wenn du schliefst, war dein Gesicht so friedlich. Ich beugte mich oft über dich, nachts, lange – suchte in deinem Gesicht die Bitterkeit, die ich über den Tod meiner Tochter empfand, aber ich fand nichts: nicht Bitterkeit, nicht Bosheit – ich beugte mich über dich, wie damals, vor achtunddreißig Jahren im Hotel Belvedere, als du todmüde neben mir einschliefst, und ich dir, um dich nicht zu wecken, vorsichtig die brennende Zigarette aus der Hand nahm. Ein Zimmer mit blaßgrüner Tapete, das Foto irgendeines Prinzen an der Wand; der Prinz war zu klein für die schwere Uniform, die er trug; er sah aus wie ein verdorbener Junge, der sich in einen Maskenball geschmuggelt hat . . . Wenn ich mich über dich beugte, sahst du aus wie zwanzig Jahre vorher – wie jemand, der den Tod nicht kennt. Aber ich, ich kannte ihn: er saß in mir: schwarz und bitter; tropfenweise nahm ich ihn ein . . .

MARTIN: Nicht immer, wenn du dich über mich beugtest, schlief ich: manchmal spürte ich dein Gesicht, nahe über meinem: so fremd, daß ich Angst hatte, die Augen aufzuschlagen und dich anzusehen. Ich wollte nicht sehen, was ich hätte sehen müssen.

CLARA: Du hättest die Augen aufschlagen sollen: ich wartete drauf.

MARTIN: Ich wollte nicht – und richtete es so ein, daß dein Bett leer war, wenn ich nach Hause kam – oder du schliefst, aber ich beugte mich nicht über dich. Ich vermied es, Licht zu machen – zog mich leise im Dunkeln aus, und wenn ich wach wurde, war dein Bett wieder leer. Ich konnte lange schlafen. Die wenigen Mandate, die ich bekam – dafür war nachmittags genug Zeit. Ins Gericht durfte ich nicht. Mein Kragen verschliß, und ich wurde, was ich am wenigsten hatte werden wollen: ein Winkeladvokat. Ich gab den Leuten, die mit mir an der Theke standen, Tips – gegen ein Glas Bier, einen Schnaps. Auf schmierigen Kneipentischen setzte ich Eingaben auf, verfaßte Schriftsätze, hockte stundenlang in meinem Büro am Ottonenwall und dachte an Lorenz und Lieselotte. Wenn Kramer nicht gewesen wäre. Er half mir. Er deckte mich.

CLARA: Und er bekam deine Stelle.

MARTIN: Ich nahm es ihm nicht übel. Damals, nach Lieselottes Tod, kam Benjamin Hufs oft zu mir ins Büro und sagte mir, wie sehr er mich bewundere. Und als er Soldat wurde, sagte er, er würde für das kämpfen, was ich verkörperte.

CLARA: Und später fiel er – nicht für das, was du verkörpertest. Als ich erfuhr, daß er tot war, war ich froh, daß er Lieselotte gekannt hatte – ihren Körper und viel, viel mehr als das.

MARTIN: Froh warst du?

CLARA: Ja, ich war froh. Zuerst war ich erschrocken – später, als er gefallen war – da war ich froh, wenn ich daran dachte. Du hast mir nie erzählt, daß er zu dir ins Büro kam.

MARTIN: Er sprach nie von Lieselotte, nicht ein einziges Mal. Er sprach mit mir über Recht – und ich mußte ihm vom Unrecht erzählen. Manchmal lud er mich zu einem Kaffee ein, brachte mir eine kleine Flasche Schnaps mit, kaufte mir Zigarren – er tat es unauffällig, um mich nicht zu kränken – er wußte nicht, daß mich nichts mehr kränkte. Nichts dieser Art. Aber er sprach nie von Lieselotte.

CLARA: Es gibt Dinge, die man dir am allerwenigsten sagen kann. Ich war es, die dich kränkte, nicht wahr?

MARTIN: Ja. Weil ich es nicht begriff. Liebe? Du liebtest mich doch?

CLARA: Ja. Es war etwas anderes. Ich war bitter und böse. Es war der Tod. Ich wollte aussteigen, aus der Zeit, aus meinem Leben, und es gelang mir. Ganze Nachmittage und Abende verbrachte ich an Orten, die außerhalb meines Lebens und außerhalb der Zeit lagen; anderswo verstrich die Zeit, anderswo wurde mein Leben gelebt.

MARTIN: Eine Täuschung. Die Zeit verstrich dort, wo du warst, und dein Leben lebtest du dort, wo du warst; anderswo war nichts von dir, nichts. Manchmal kam ich unverhofft nach Hause, früh, gegen drei schon, gegen vier. Die Kinder hatten sich Brote gemacht, irgend etwas zu trinken: Kakao oder Tee; sie fragten mich, wo du seist, und ich schüttelte den Kopf; ich wußte nicht; Albert war achtzehn damals – Clara . . . sie war . . .

CLARA: Ja, ich weiß: Clara war zehn und Joseph sechs; ich weiß, ich weiß; wenn ich zurückkam, fiel die Zeit, der ich entflohen zu sein glaubte, doppelt über mich, dreifach; ich atmete sie ein, die Zeit, erstickte fast daran. Meine Kinder – sie haben nicht gewußt, was war, oder?

MARTIN: Nein, sie wußten nicht, was war, und doch spürten sie Unheil: dunkles Schweigen lag in den Zimmern, Angst in den

Fluren, schweigend hockten wir da, tranken Tee und aßen Brote.

CLARA: Das Unheil war nah. Oft dachte ich daran, abzuspringen wie aus einem fahrenden Flugzeug; weg, hinunter in den blauen Ozean der Luft – aber er hinderte mich daran. Er hatte Angst vor dir.

MARTIN: Angst vor mir? Hat jemals einer Angst vor mir haben müssen?

CLARA: Du weißt nicht, wie schrecklich du bist.

MARTIN: Schrecklich? Ich?

CLARA: Ja, weil du – weil du gut bist.

MARTIN: Ich gut? Ach, du kennst mich wirklich nicht. Ich nahm manchmal eine Frau mit in mein Büro hinauf. Die Kellnerin aus der Salierschenke.

CLARA: Du?

MARTIN: Ja. Ich kaufte eine Flasche billigen Wein, Gebäck, ein paar Zigaretten. Wir tranken den Wein, aßen das Gebäck, rauchten die Zigaretten, ich hielt ihre Hand. Manchmal legte ich meinen Kopf in ihren Schoß und schloß die Augen, sie mußte mir erzählen, irgend etwas; aus ihrer Kindheit; sie war in einem Fischerdorf aufgewachsen, und wenn sie leise auf mich hinuntersprach, roch ich den Tang, die Fische, hörte das Lachen der Sommerfrischler, den Sturm und die Brandung; oder ich ging mit ihr stundenlang an der Küste entlang, durch Kiefernwälder, sumpfige Wiesen, kroch mit ihr im Herbst in die verlassenen Sommerhäuser und suchte nach vergessenen Zigaretten, nach Weinresten, Konserven, entzündete Feuer mit ihr in den Kaminen fremder Häuser, während der Sturm heulte und die Brandung brüllte – ich hörte die Fischerboote heimkommen, sah die müden Gesichter der Männer, sah im Licht der Laternen frisches Blut auf silbernen Fischleibern – aber wenn ich mich aufrichtete, sie zu mir hinunterziehen wollte, lachte sie, schüttelte meine Hände ab und sagte: »Laß doch, es paßt nicht zu dir«, und ich lachte mit ihr.

CLARA: Lachen? Wenn du daran dachtest? Lachen.

MARTIN: Ja, ich mußte lachen, ich konnte nicht anders. Dann ging ich nach Hause, trank mit den Kindern Tee, half ihnen bei den Schulaufgaben, stellte mich vor den Spiegel und war ein wenig stolz auf meinen verschlissenen Kragen und die Verehrung von Benjamin Hufs. Meine Söhne wurden älter, ich konnte mit ihnen sprechen. Krieg kam – eines Tages warst auch du wieder da.

CLARA: Ich kehrte zurück, weil er weg war. Ich war glücklich. Ich wünschte, er würde fallen. Nie hat eine Geliebte so ihrem Geliebten den Tod gewünscht. Ich haßte ihn, weil er *dich* betrog. Er schrieb mir unzählige Briefe; ich öffnete sie nur, um zu erfahren, ob er in Urlaub käme, und wenn er kam, reiste ich weg.

MARTIN: Warum hast du nicht mit mir gesprochen?

CLARA: Warum schlugst du die Augen nicht auf, wenn ich mich über dich beugte? Ich konnte es nicht *sagen*. Ich begriff, daß es schlimmer sein kann, darüber zu sprechen als es heimlich zu tun. Die Mühlsteine, daran dachte ich; mir war einer um den Hals gebunden, und ich sank, sank, in unendliche Tiefen, an Dunkelheiten, Ungeheuern vorbei, durch Provinzen von Gestank, immer tiefer. Lachen – du sagst, du mußtest lachen, und ich beglückwünsche dich zu dieser Frau, die mit dir lachte. Wir lachten nicht ein einziges Mal miteinander.

MARTIN: Du sagst wir. War es wirklich Kramer?

CLARA: Ja, er war es.

MARTIN: Und wessen Schuld?

CLARA: Nicht nur seine. Er fing damit an. Jahrelang verfolgte er mich. Von Lieselottes Geburt bis zu ihrem Tod. Begreifst du? Siebzehn Jahre – ich mochte ihn nie. Vom ersten Tag an wußte ich, daß er dich betrog und bestahl. Sätze, die du gesagt, Gedanken, die du gedacht hattest, tauchten in seinen Reden und seinen Artikeln auf. Geschickt war er – hast du das Spiel nicht durchschaut, wie er deinen Ekel steigerte, um deine Stelle zu bekommen? Und um uns helfen zu können ... du schicktest mich zu ihm; er half uns ja. Ich mußte oft hin und ich war bitter und böse über den Tod des Kindes, ich hatte Angst vor der Demut, mit der du ihren Tod hinnahmst.

MARTIN: Ja, ich schickte dich hin. Er half uns.

CLARA: Ist es schwer für dich, es jetzt zu wissen?

MARTIN: Es ist wie mit Lieselotte. Nun weiß ich es ja. Ich wollte nicht – aber vielleicht muß man es erfahren. Ein Freund, fast fünfzig Jahre kenne ich ihn. Hast du gesagt, daß du mit Gott Frieden hast – mit den Menschen aber noch nicht? Nun, ich habe die Menschen nie gemocht.

CLARA: Du, ich glaubte immer, du liebtest sie. Du warst so gut, so freundlich und nie gegen jemand böse.

MARTIN: Ich mochte sie nie; vielleicht waren sie mir nicht einmal der Unfreundlichkeit wert. Wie? Als das Unrecht Recht wurde – da fand ich meine Abneigung gegen sie bestätigt; sie taumelten wie die Fliegen, hockten sich auf den Dreck. Geld, Ehre, Ansehen, Erfolg – wie auf Kot flogen sie drauf. Dich mochte ich – meine Kinder, die Kellnerin – Benjamin Hufs – und Becher, weißt du, den Priester, der nicht mehr zelebrieren durfte – ein paar von meinen Saufkumpanen, als ich der Advokat mit dem zerschlissenen Kragen war.

CLARA: Kramer nicht?

MARTIN: Ich sah das Beben seiner Lippen, das Zittern seiner Hände, das Flackern seiner Augen, als er zum Präsidenten ernannt wurde; dasselbe Zittern seiner Hände, Flackern seiner Augen, Beben seiner Lippen – als er Leutnant, als er zwanzig Jahre später mein Nachfolger wurde. Mögen? Nein. Von den Kindern mochte ich Lorenz am liebsten.

CLARA: Ihn? Ich dachte Lieselotte.

MARTIN: Sie gilt nicht. Sie zählt nicht, sie liegt wie in einem gläsernen Sarg. Meine Tochter. Der Geruch der frischen Abendzeitung, auf einer Terrasse, nachmittags im Herbst – Sekunden. Aber Lorenz – er ist konsequent.

CLARA: Ein Dieb.

MARTIN: Ein Dieb und ein Betrüger. Mein Sohn. Vielleicht hat er gespürt, wie sehr ich das Gesetz verachte. Ich sprach es nie aus, aber sicher ahnte er es und handelte danach.

CLARA: Du hast das Gesetz verachtet?

MARTIN: Ja. Wußtest du es nicht? Und ich mochte die Menschen nicht. Vielleicht wird dein Wunsch noch erfüllt: du lernst mich kennen. Justitia – einst wie eine Geliebte aus Marmor – kalt, schön. Ich umarmte sie, wie ein junger Priester seinen Zeus, seine Athene umarmt haben mag – aber ich war noch nicht vierzig, da wußte ich, daß meine Arme leer waren, als hätte ich Schaum umarmt. Die Schwätzer siegen – Aufschneider beherrschen die Welt – Dummköpfe definieren die Klugheit, die Mächtigen gurgeln mit Eitelkeit. Du, du bliebst mir, meine Kinder.

CLARA: Ich blieb dir wirklich?

MARTIN: Du bliebst mir wirklich. Ich wußte doch alles schon vor zwanzig Jahren – oder bliebst du mir nicht?

CLARA: Ich blieb dir. Ich bin so froh, daß ich weiß – du hast das Gesetz verachtet, du hast die Menschen nicht gemocht und hast die Kellnerin mit in dein Zimmer genommen – du bist mit ihr am Strand entlang gewandert, hast das helle Blut der Fische auf ihren silbernen Leibern gesehen, in fremden Kaminen Feuer angezündet. So weiß ich wenigstens etwas von dir.

MARTIN: Nicht mehr?

CLARA: Nicht viel mehr. Was kenne ich? Deinen Körper. Am besten deine Hände. Dein Gesicht, deine Schrift, deinen Gang. Wie du ißt, wie du trinkst, wie du lächelst, atmest im Schlaf; deine Stimme – die Zigarette, die du morgens im Bett rauchst – wie du die Tasse an den Mund hebst, ach . . . *(Das Geräusch eines rasch sich nähernden Autos, das mit scharfem Bremsgeräusch vor dem Haus hält)* Lorenz! Kramer! *(Leiser)* Willst du zur Tür gehen?

MARTIN: Die Tür ist offen. Sie werden den Weg finden.

(Türen werden geöffnet, geschlossen, Geräusch hastiger Schritte auf der Treppe, die Tür zum Zimmer wird geöffnet)

LORENZ: Mutter, ist es wahr, daß du –

CLARA: Ja, es ist wahr. Komm, setz dich, oder knie vor meinem Bett, dann habe ich dich näher.

KRAMER: Es tut mir leid, aber ich muß drauf bestehen, daß ich im Zimmer bleiben darf.

CLARA: Bestehen Sie wirklich drauf? Dann nehmen Sie den Jungen wieder mit.

KRAMER: Martin, du weißt doch, erkläre ihr doch.

MARTIN: Ich habe ihr alles erklärt. Bestehst du wirklich drauf?

KRAMER: Ich begreife nicht. Es war die einzige Bedingung, die ich stellte.

CLARA: Ich will allein mit ihm sein. Allein. Ich muß mit ihm sprechen.

KRAMER: Ich hoffe, Sie wissen, was für mich auf dem Spiel steht.

CLARA: Ich weiß. Gehen Sie. Lassen Sie uns allein. Martin, geh auch du für einen Augenblick. Nicht lange. Laßt uns allein. *(Schritte, Tür wird geschlossen. Dann Clara leise weiter)* Schließ die Tür ab. *(Nach einer kurzen Pause)* Rasch, tu's. *(Lorenz steht auf, dreht den Schlüssel im Schloß)* Hier, mach die Schubladen auf. Da ist Geld. Nein, zähle es nicht. Es ist viel. Nimm es. Und hier, der Autoschlüssel, wie lange brauchst du bis zur Grenze?

LORENZ: In einer Stunde kann ich dort sein.

CLARA: Und dann? Kann dir draußen jemand helfen?

LORENZ: In Brüssel habe ich einen Freund. Dumerau, ich habe seine Adresse. Er wird mir helfen. Aber ich brauche Kleider. Sieh hier.

CLARA: Geh an Vaters Kleiderschrank. Rasch. *(Lorenz öffnet eine Schranktür)* Ja, nimm den, den grauen; denk an die Schuhe, an die Krawatte, rasch, zieh dich um; rasch. Nimm einen

Hut, den grauen Mantel, vergiß die Handschuhe nicht; nein, die Hemden liegen rechts . . . Ja, da. Schnell, schnell. (*Entsprechende Geräusche, während sich Lorenz umkleidet*) Schnell, Junge, schnell.

LORENZ: Aber ich möchte mit dir sprechen; auch mit Vater.

CLARA: Sprich mit mir. Jetzt haben wir Zeit genug, wo du umgezogen bist. Das Geld hast du in der Tasche? Auch die Autoschlüssel? Ich werde dir Vorsprung verschaffen. Ich habe dich nicht oft gesehen – komm her. (*Noch leiser*) Sechzehn warst du, als der Krieg ausbrach, achtzehn Jahre sind seitdem vergangen, und von diesen achtzehn Jahren bist du acht im Gefängnis gewesen.

LORENZ: Neun, Mutter, genau neun.

CLARA: Neun Jahre gegen neun. Neun Jahre Gefängnis für neun Jahre Freiheit. Lohnt sich das? Ist der Zinssatz nicht zu hoch?

LORENZ: Die Frage habe ich mir nie gestellt. Lohnen? Ich weiß nicht. Geschäfte lohnen sich oder lohnen sich nicht. Ich mache keine Geschäfte. Ich will nur fliegen, fliegen. Ich will nicht schläfrige Geschäftsleute von London nach Brüssel kutschieren oder von Berlin nach Paris wie ein Omnibusschaffner; ich will nicht Bomben werfen oder über die Köpfe fliehender Frauen hinwegschießen. Fliegen will ich, allein. So hoch es geht, Mutter, und allein – verstehst du. Ich habe mich nie gefragt, ob es sich lohnt, ein Flugzeug zu stehlen, oder Geld, um eins zu mieten. (*Lacht*) Ich hab ihnen nicht mal übel genommen, daß sie mich einsperren, wenn sie mich kriegen. Lohnen – das ist ein Wort, das ich nicht kenne. Allein über den Wolken – lohnt sich das? Es lohnt sich, Mutter, und ich zahle den Preis dafür.

CLARA: Du wirst es wieder tun.

LORENZ: Immer wieder. Es lohnt sich. Manchmal fliegst du minutenlang durch Herden weißer Wölkchen, Lämmerwölkchen, Mutter, und ich gebe immer acht, ob ich nicht doch eines Tages einen Engel entdecke, einen kleinen nur. Noch habe ich keinen erwischt. Vielleicht werde ich eines Tages Lieselotte treffen, meine Schwester, oben auf einer Wolke. Vielleicht wird sie mich verstehen.

CLARA: Wir verstehen dich nicht?

LORENZ: Nein. Ihr fragt, ob es sich lohnt. Lohnt es sich zu lieben? (*Kurze Pause*) Du schweigst. Es scheint sich nicht zu lohnen. Lohnt es sich, zu heiraten, Kinder zu haben, dann zu sterben? *(Kurze Pause)* Du schweigst. Es scheint sich nicht zu lohnen. Wo soll ich hier 'raus?

CLARA: Zum Fenster hinaus. Die Garage ist offen. Laß den Wagen nicht an. Schieb ihn bis unten an Buntemanns Ecke, laß ihn dort erst an. Und fahr nicht zu schnell. Ich werde dir Frist verschaffen.

LORENZ: Wie lange?

CLARA: Für wie lange haben sie dich 'rausgelassen?

LORENZ: Bis acht.

CLARA: Zwei Stunden. Eine mehr kann ich dir versprechen. Genügt das?

LORENZ: Es genügt. Ich danke dir, Mutter. Wirst du wirklich . . .? Stimmt es?

CLARA: Ich werde wirklich. Es stimmt.

LORENZ: Ich kann es nicht glauben.

CLARA: Hast du es von Lieselotte geglaubt?

LORENZ: Nein.

CLARA: Man glaubt es nie.

LORENZ: Nein. Nie. Ich glaubte es nie. Nicht von Kluhn, nicht von Huttik. Sie starben, meine Freunde, die einzigen, die ich hatte, und am wenigsten glaubte ich es von Lieselotte. Morgens half sie mir noch bei den Schulaufgaben, dann spielten wir Ping-Pong – und nach dem Essen fuhr ich weg auf den Gruhlsberg zum Segelfliegen; drei Stunden nur blieb ich dort, und als ich zurückkam, war sie tot. Ein Betrunkener begegnete mir unten in der Allee, er taumelte, schlug gegen die Bordsteinkante und ich ging zu Hövels hinein und telefonierte nach dem Unfallwagen; dann kam ich nach Hause, und ich spürte es schon unten am Gartentor: Unheil, Unheil – Lieselotte war tot. Stille – ich hörte nur dein Weinen – es war ein Tag wie dieser – wie lange ist es her?

CLARA: Achtzehn Jahre.

LORENZ: Das ist nicht wahr.

CLARA: Es ist wahr. Glaube mir; und nun mußt du gehen. Gib mir einen Kuß. Vielleicht sehen wir uns wieder, auf einer Lämmerwolke, vielleicht bald. Komm noch einmal zu mir – ich habe dich nicht oft gesehen – wo warst du die ganze Zeit über – vierunddreißig Jahre bist du alt. Das ist doch nicht wahr.

LORENZ: Es ist wahr, Mutter, es muß wahr sein, es steht auf dem Zettel an meiner Zelle.

CLARA: Hattest du je einen Ranzen? Ich entsinne mich nicht.

LORENZ *(lacht)*: Ich hatte wirklich einen, Mutter, bestimmt –
ich hatte den von Albert übernommen. Entsinnst du dich
nicht, er war mit einem fuchsigen Fell überzogen?

CLARA: Ach, das war deiner?

LORENZ: Ja. Verzeih mir, daß ich nicht oft zu Hause war. Ich
danke dir. Vater – werde ich ihn nicht sehen?

CLARA: Er liebt dich – von allen Kindern am meisten. Ich weiß
es. Ihn wirst du noch sehen.

LORENZ: Wenn sie mich zurückbringen, in Handschellen dies-
mal. Fünf Jahre, für sechs. Der Preis wird immer höher. Grüß
Vater, und Albert, Clara und Joseph. Ich habe sie lange nicht
gesehen, sie sollen mich mal besuchen. Grüß sie. Auf Wiedersehen, Mutter.

CLARA: Auf einer Wolke.

*(Lorenz springt auf die Fensterbank, von dort aufs Garagendach.
Dann Stille. Geräusche wie am Anfang. Martin und Kramer flüstern
vor der Tür)*

CLARA *(ruft)*: Martin.

MARTIN *(von draußen)*: Kann ich 'rein?

CLARA: Ja, hol den Wohnzimmerschlüssel und schließ auf.

KRAMER *(von draußen)*: Wo ist Lorenz?

CLARA: Er ist hier bei mir.

(Tür wird aufgeschlossen)

CLARA: Laß mich drei Minuten mit Kramer allein.

MARTIN: Drei Minuten und sechsundzwanzig Sekunden – nicht
länger.

(Tür wird geöffnet und geschlossen)

KRAMER: Wo ist Lorenz?

CLARA: Er ist weg. Siehst du nicht?

KRAMER: Ich sehe. Aber ich nehme an, es ist ein Scherz.

CLARA: Es ist kein Scherz.

KRAMER: Warum quälst du mich?

CLARA: Du versprachst mir immer ein Geschenk, aber ich nahm
nie eins. Erinnerst du dich? Jetzt möchte ich ein Geschenk.
Ist es zu teuer?

KRAMER: Du weißt, was es bedeuten würde, wenn er weg wäre –

CLARA: Er *ist* weg. Das Geschenk ist schon genommen. Schon
bezahlt. Ich bitte dich um etwas, was du schon nicht mehr hast.
Lorenz ist weg und deine Präsidentschaft.

KRAMER: Wir werden ihn fangen.

CLARA: Nicht, wenn du wartest, bis mein kleiner Ikarus in Sicherheit ist.

KRAMER: Sicherheit? Für wie lange? Für zwei Stunden, für ein halbes Jahr, für eine Woche? Er ist besessen, der Junge, und diese Sorte haben sie schnell. Für eine Woche, einen Monat einen so hohen Preis?

CLARA: Nicht rechnen, Kramer, es ist kein Geschäft. Es lohnt sich nicht. Ich dachte an Gruhlshof, damals. Du versprachst mir das Himmelreich für ein Wiedersehen. Hier hast du das Wiedersehen und ich verlange den Preis.

KRAMER: Wiedersehen nach neunzehn Jahren.

CLARA: Neunzehn? Ich dachte immer, es wären achtzehn. Gut, ein Wiedersehen mit einer alten Frau.

KRAMER: Wie alt du bist, ist mir gleich. Ich fuhr gleich los, als Martin anrief. Keine vierzig Minuten brauchte ich, um nach Bahnweiler zu fahren, Lorenz herauszuholen und herzukommen.

CLARA: Und bist du hergekommen, um ihn zu bewachen, oder um mich zu sehen?

KRAMER: Ich weiß nicht ... Vielleicht wollte ich beides.

CLARA: Zwei Fliegen mit einer Klappe – so nennt man es. Das gelingt nie, Kramer – nie; nimm an, du seist hergekommen, um mich zu sehen – nichts sonst. Lorenz ist weg – was macht es. Liegt dir so viel daran, Präsident zu sein?

KRAMER: Gleich den höchsten Preis verlangst du. Du ahnst nicht einmal, wie hoch er ist.

CLARA: Für mich ist er ein niedriger Preis; billig wie im Ausverkauf; herabgesetzte Preise für Ehefrauen, die sich in Wochenendhäusern zu etwas hergeben, das Liebe heißt.

KRAMER: Sprich nicht so darüber. Ich liebte dich – immer noch liebe ich dich.

CLARA: Aber den Preis willst du nicht zahlen?

KRAMER: Preis? Ich wollte dich nicht kaufen.

CLARA: Warum nicht? Wäre es nicht ehrlicher gewesen als mit tödlichem Ernst und dunkler Seele dich in der Münze auszahlen zu lassen, die nach Lieselottes Tod sich in mir häufte; kleine runde Stücke Tod gab ich dir. Bitterkeit, Bosheit, Trauer ... Warum haben wir nicht einmal miteinander gelacht, Kramer? Nicht einmal gelächelt? Versuche zu lächeln, Kramer – komm, oder lach, wenn du kannst: zahl den Preis und rechne nicht nach. Sei nicht geizig.

KRAMER: Wirst du wirklich sterben?

CLARA: Warum fragst du? Glaubst du es nicht? Sei ehrlich – siehst du nicht?

KRAMER: Ich glaube es – ich sehe, du wirst sterben. Liegt dir
soviel daran, daß der Junge frei ist – oder – oder ist es Rache?

CLARA: Nicht Rache, Kramer, glaube mir. Geh, zahle den Preis
und laß mich, ich bin müde.

KRAMER: Mein Amt für die Freiheit eines Verrückten. Wäre es
seine ganze Freiheit – aber wieviel mag es sein? Ein Tag,
zwei – vielleicht eine Woche. Blanko gezahlt für etwas, dessen
Wert ich nicht kenne. Verstehst du? Es ist nicht leicht.

CLARA: Ich bin müde, und die drei Minuten sind um. Schenk
mir, um was ich dich bat, und geh.

KRAMER: Siebzehn Jahre habe ich auf dich gewartet – vier
Monate warst du bei mir – und wieder neunzehn Jahre gewartet, um drei Minuten bei dir zu sein. Gib mir einen Kuß.

CLARA: Wozu?

KRAMER: Deine Hände.

CLARA: Wozu? Wenn du willst, hier sind sie. *(Kurze Pause)* Sag
ja, und ich werde wenigstens eine kleine Rechtfertigung haben: daß du mich liebtest.

KRAMER: Du liebtest mich nie?

CLARA: Nie. Ich liebte dich nie. Ich zahlte dir nur die schwarze
Münze aus, die sich in mir häufte: Trauer und Bitterkeit,
Angst und Bosheit, *(leiser)* ach, warum zögerst du? Warum
läßt du mich so lange feilschen?

KRAMER: Gut, ich zahle, was du verlangst. Martin – weiß er?

CLARA: Er weiß.

KRAMER: Warum? Warum mußte er es wissen? Er hätte es nicht
erfahren dürfen – und doch: das macht es mir leichter.

CLARA: Leichter? Wieso?

KRAMER: Er liebt den Jungen, nicht wahr? Nun, so schenke ich
dir und ihm je die Hälfte seiner Freiheit. Gib mir noch einmal
deine Hand.

CLARA: Hier, nimm sie, Kramer. Du lächelst . . . jetzt –
*(Kurze Stille, dann Kramers Schritte, die Zimmertür wird geöffnet
und Kramers Schritte entfernen sich im Haus; die Haustür schlägt zu,
das Motorengeräusch eines Autos ist zu hören)*

MARTIN: Vier Minuten, Clara. Ich habe auf die Uhr gesehen.

CLARA: Es mußte sein, Martin.

MARTIN: Der Junge ist weg. Ich hätte so gerne mit ihm gesprochen.

CLARA: Du wirst ihn ja wiedersehen. Es mußte schnell gehen.
Er läßt euch alle grüßen. Ich habe ihm Geld gegeben, den
Autoschlüssel, er hat deinen grauen Anzug angezogen; seine

Sträflingskleider hängen auf dem Bügel im Schrank. Wie spät ist es, Martin?

MARTIN: Fünf bis halb sieben.

CLARA: In zehn Minuten wird Albert anrufen – oder er wird schon hier sein. Vielleicht könnte er bei Clara vorbeifahren. Was mag mit ihr sein?

MARTIN: Vielleicht ist sie auch ausgegangen.

CLARA: Ich bin so müde. Ich spüre, daß der Waffenstillstand vorüber ist.

MARTIN: Hast du Schmerzen?

CLARA: Nein, nur müde bin ich. Geh 'rüber, Martin, hol das Telefon, stöpsele es hier ein. Geh, rasch! *(Martin läuft in den Flur, kommt zurück, steckt das Telefon ein. Clara weiter)* Wie lange ist es her, daß wir das Telefon am Bett hatten. Lange, nicht wahr?

MARTIN: Es ist zwanzig Jahre her, Clara. Damals, als ich den Jungen verteidigte, der zum Tode verurteilt wurde, ließ ich den Anschluß hierherlegen.

CLARA: Was hatte er getan?

MARTIN: Er war so alt wie Lieselotte. Siebzehn. Ein Kommunist. Sie hatten zu fünfen jemand erschlagen, von dem sie sich verraten glaubten. Sie wurden alle hingerichtet. Der Junge, den ich verteidigte, hieß Valentin Mobrecht, weißt du noch? Ich war der einzige, der zu ihm in die Zelle durfte. Manchmal verlangte er mitten in der Nacht nach mir, und ich ging zu ihm. Ohne Erlaubnis. Kramer deckte mich.

CLARA: Ja, ich erinnere mich. Wir hatten damals kein Geld, und es kostete dreiundzwanzig Mark, das Telefon hierherlegen zu lassen. Aber du ließest es verlegen, und einmal klingelte es mitten in der Nacht, um drei Uhr.

MARTIN: Das war die Nacht der Hinrichtung. Ich ging hin.

CLARA: Du hast mir nie erzählt.

MARTIN: Sie wurden geköpft. *Recht* wurde getan, Mord. Morgens um vier, im Spätsommer – zwei Monate nach Lieselottes Tod; die Sonne war gerade aufgegangen, und in allen dreihundert Zellen wurde gegen die Tür getrommelt: rot stand die Sonne in einigen Fenstern. Stille, nur das dumpfe Trommeln. Mobrecht war gerade siebzehn, die anderen waren achtzehn, so alt wie Albert damals war. Heimlich und rasch wurde im grauen Gefängnishof die Hinrichtung vollzogen. Kramer stand in seiner blutroten Robe dabei. Um sieben wurden die Plakate aufgeklebt, auf denen die Hinrichtung bekanntgegeben wurde. Mobrechts Mutter war Marktfrau. Sie las das Plakat, als sie mit ihrem Gemüsekarren vom Markt kam. Niemand hatte geglaubt, man würde die Jungen hinrichten.

CLARA: Du kanntest diese Frau?

MARTIN: Ich war unterwegs, um es ihr zu sagen, aber sie war schon weg, mit ihrem Handkarren. Ich holte sie nicht mehr ein, und so las sie es auf dem nassen frischen Plakat mit dem blutroten Rand: Hinrichtung – Valentin Mobrecht, siebzehn Jahre, wurde heute morgen . . .

CLARA: Nie hast du mit mir darüber gesprochen. Allein gingst du nachts um drei weg, durch die graue Stadt, in den dunklen Gefängnishof, um bei der Hinrichtung zu sein. Was machten die Jungen?

MARTIN: Zwei waren ruhig. Stolz. Wie Denkmäler. Zwei wimmerten vor sich hin und einer schrie, er schrie laut.

CLARA: War es Mobrecht, der schrie?

MARTIN: Nein, er war ruhig. Vorher hatte er Angst gehabt, mich angefleht, meine Knie umklammert – aber am Morgen der Hinrichtung war er still. Meine letzte Strafverteidigung damals – ich brauchte das Telefon am Bett nicht mehr.

CLARA: Ob wir Albert anrufen? Wie spät ist es?

MARTIN: Halb sieben.

CLARA: Es ist besser, wir rufen nicht an: vielleicht wählt er gerade unsere Nummer, während wir seine wählen – und wir hören beide nur das Besetztzeichen. Wo mag Joseph sein – und warum hören wir nichts von Clara? Lorenz – auf einer weißen Wolke werde ich ihm begegnen. Schrie nur einer? Warum waren die anderen so still? Wollten sie unbedingt wie Denkmäler aussehen? Stolz auf ihre Idee, ihr Martyrium? Warum nicht schreien? Martin, du hättest das Zimmer sehen müssen, in dem ich Kramer zum erstenmal traf; schäbig, ein Absteigequartier draußen in einem Vorort; teuer war die Liebe bezahlt, die ich nicht verspürte: der Blick auf einen Hinterhof, in dem schmutzige Kinder spielten; sie warfen mit Steinen auf ein Emailleplakat; eine bildhübsche Frau war darauf: was sie anpries, war schon nicht mehr zu erkennen, die Emaille war schon abgesprungen – ihre Hände Stummel; was ihre Hand gehalten hatte, mit Steinen ausgelöscht. Schokolade? Waschpulver? Ich erfuhr es nie. Schon sprangen Stücke von dem hübschen Gesicht ab. Lärm – warum ruft Albert nicht an? Wo ist Joseph? Warum hat Clara sich nicht gemeldet? Wird Kramer schweigen? Du wirst wissen, Martin, hörst du mich noch, hörst du mich noch?

MARTIN: Ruhig, ich höre dich.

CLARA *(leise)*: Schneide die Schnur durch, die den Mühlstein an meinen Hals bindet. Ich sinke, an Ungeheuern vorbei, durch Wälder von Tang, durch stinkende Finsternisse. Ich wollte doch Lorenz treffen, oben auf einer weißen Wolke. Schneide, Martin, schnell, schneide die Schnur durch, warum hast du die Augen nicht aufgeschlagen, damals, als ich mich über dich beugte ... schneide doch, schnell – *(stöhnt, dann erleichtert weiter)* ja, ja, ich steige wie ein Drachen bei gutem Wind; Luft, ein ganzer Ozean voll Luft, Wolken wie weiße Lämmer – *(lacht)* ob ich den Engel entdecke, den Lorenz noch nicht fand? Meine Tochter Lieselotte? Danke, Martin, du hast die Schnur zerschnitten – *(schreit)* alle fünf hätten sie schreien sollen, alle. Ich steige – *(bricht plötzlich ab – kurze Stille, dann klingelt das Telefon)*

MARTIN *(nimmt den Hörer auf)*: Ja? Albert?

ALBERT: Vater. Ich habe im Augenblick dein Telegramm gelesen. Ist Mutter – wie steht es?

MARTIN: Mutter ist tot, vor ein paar Sekunden noch hätte sie deine Stimme hören können. Du bist pünktlich, fünf Minuten nach halb sieben.

ALBERT: Mutter tot? Das ist nicht wahr. Nein, es ist nicht wahr.

MARTIN: Man glaubt es nie. Auch ich glaube es noch nicht. Komm und sieh.

ALBERT: Ich komme.

MARTIN: Bring Clara mit und Joseph, wenn du die beiden finden kannst.

ALBERT: Lorenz?

MARTIN: Lorenz war hier.

ALBERT: Er, als einziger?

MARTIN: Ja, er als einziger. Dort, wo er war, ist man immer erreichbar.

ALBERT: Ich komme sofort. Ich bringe Clara und Joseph mit, wenn ich sie finden kann.

(Legt den Hörer auf – kurze Stille – dann Geräusche, wie sie im Verlauf des Spiels zu hören waren: Ping-Pong-Bälle, Kaffeegeschirr, Kinderlachen)

Die Spurlosen [1957]

Personen

Einbrecher: Kröner, Toni, Dr. Krum, Frau Kröner (Marianne)
Priester: Brühl, Pölzig, Druven
Haushälterin: Frl. Trichahn
Kriminalbeamte: Kleffer, Schwitzkowski

(Geräusch eines schnell fahrenden Autos)

KRÖNER: Es tut mir leid – aber wir müssen Sie gleich einer kleinen Unannehmlichkeit unterziehen.

BRÜHL: Noch einer?

KRÖNER: Haben wir Ihnen viele zugemutet?

BRÜHL *(lacht)*: Ich weiß nicht, ob Sie es als sehr angenehm empfinden würden, wenn man Sie nachts herausklingelte, Sie zu einer Todkranken bäte, Ihnen dann, sobald Sie im Auto sitzen, eine Pistole in die Seite bohrte und Sie aufforderte, kein überflüssiges Wort zu sprechen, keine überflüssige Bewegung zu machen.

KRÖNER: Glauben Sie wirklich, wir würden schießen, wenn Sie unseren Anordnungen nicht folgen?

BRÜHL: Sie würden also nicht schießen?

KRÖNER: Natürlich nicht. Versuchen Sie, Ihre Phantasie anzustrengen: Ein Auto fährt nachts gegen drei durch leere Großstadtstraßen in raschem Tempo – das ist schon auffällig genug – und dann noch schießen! Nein, alle Unannehmlichkeiten, denen wir Sie unterziehen – das sind nur Vorsichtsmaßregeln, nicht unseretwegen, eher Ihretwegen. Wir wollen nur, daß Sie keine Mätzchen machen, sich nicht wehren, mit uns kommen, das tun, was ein Priester mit einer Sterbenden tut – wenn alles gut geht, werden wir Sie in zwei Stunden wieder vor Ihrer Haustür absetzen.

BRÜHL: Ich nehme an, Sie lügen nicht. Eine Sterbende bedarf meiner? Gut, was sollte Ihnen sonst an einem unbedeutenden Priester liegen. Wozu also die Pistole?

KRÖNER: Sie haben recht: Uns liegt nichts an Priestern, nichts an Ihrer Person, nur an Ihrer Funktion – wir brauchen einen Priester, *(leise)* brauchen ihn dringend.

BRÜHL: Und wie verfielen Sie ausgerechnet auf mich?

KRÖNER: Sehr einfach: Es war eine Frage der Zeit, also der Entfernung. Sie waren der, der am nächsten wohnte.

BRÜHL: Und doch fahren wir so lange.

KRÖNER: Ein kleines Täuschungsmanöver, das wir übrigens Ihnen zuliebe vollziehen. Je weniger Sie erfahren, sehen, hören, von uns wissen, desto weniger werden Sie zu verschweigen haben, falls Ihr kleiner Ausflug bekannt wird und Sie verhört werden sollten. *(Auto nimmt eine scharfe Kurve in hohem Tempo, danach Kröner weiter)* Ich muß Sie nämlich bitten, mit niemandem über unsere kleine Begegnung zu sprechen. Sie müßten schweigen bis – – nun, das kann ich Ihnen erst sagen, wenn wir am Ziel sind.

BRÜHL: Würden Sie es nicht für besser halten, mich ganz aufzuklären, anstatt mir vage Andeutungen zu machen? Wenn ich um etwas gebeten werde, möchte ich gern genau wissen, um was ich gebeten werde.

KRÖNER (lacht): Wie Sie wollen . . . obwohl ich es für besser halte, Sie wissen möglichst wenig. Nun, daß wir Grund haben, die Polizei nicht zum Kaffee einzuladen, werde ich Ihnen nicht zu sagen brauchen – auch haben wir keine Lust, von der Polizei zum Kaffee eingeladen zu werden. Wir halten uns versteckt, wären schon über alle Berge, wenn nicht . . .

BRÜHL: Wir sind sicher bald am Ziel!

KRÖNER: Ja – und eben darum noch eine kleine Unannehmlichkeit: Ich muß Ihnen die Augen verbinden. Es klingt altmodisch, vielleicht sogar lächerlich – ich weiß nicht, wieviel Kriminalromane Sie gelesen haben, aber glauben Sie mir: Es ist das beste und einfachste Mittel, jemanden daran zu hindern, daß er den Weg erkennt. Ich wäre Ihnen dankbar, wenn Sie auch diese Zeremonie über sich ergehen ließen, ohne Lärm zu machen, ohne sich zu wehren; es würde uns Zeit sparen, kostbare Zeit. Sie wissen, daß eine Todkranke auf Sie wartet.

BRÜHL: Ich bin gezwungen, Ihnen zu glauben.

(Das Auto hält an)

KRÖNER: Außerdem bitte ich Sie, nach hinten umzusteigen und den Kopf unterhalb der Lehnen zu halten: Es könnte Autofahrern, die uns begegnen, allzu merkwürdig erscheinen, einen Priester mit einem schwarzen Frauenstrumpf über dem Kopf in ihrem Scheinwerfer zu sehen.

TONI: Kommen Sie getrost nach hinten; ich werde mir erlauben, die Haltung Ihres Kopfes ein wenig zu kontrollieren.

KRÖNER: Fertig?

TONI: Fahr los.

(Auto fährt mit höherer Geschwindigkeit eine scharf genommene Kurve, noch eine)

BRÜHL (lachend): Nun fahren Sie ein wenig im Kreis – ich muß Sie darauf aufmerksam machen, daß ich einen ausgezeichneten Orientierungssinn besitze: Wir fahren jetzt zum Beispiel gerade in die Simrockstraße, rechts sehen Sie ein großes rotes Backsteingebäude, eine Schule – jetzt fahren wir in die . . .

KRÖNER (scharf): Ich bitte Sie in Ihrem eigenen Interesse, Ihren

Orientierungssinn auszuschalten. Ich habe die rote Schule gesehen – aber entwickeln Sie nicht mehr Sportsgeist, als Ihrer Lage angemessen ist. Ich nehme an, es gehört zu Ihren Pflichten, Sterbenden den Trost zu spenden, den diese erwarten – denken Sie an nichts anderes als an diese Pflicht. *(Scharf genommene Kurve)* Hören Sie? Haben Sie gehört?

BRÜHL: Ich habe gehört.

KRÖNER: Löschen Sie den Stadtplan, den Sie offenbar im Kopf haben, aus – und geben Sie sich keiner Täuschung hin. Ich glaube weder an Priester noch an deren Funktionen, noch an das, was sie verkünden. Indem ich mich der Gefahr aussetze, Sie zu holen, indem ich unser Versteck verlasse und alles aufs Spiel setze, unsere Sicherheit und unsere Beute – *(Wilde Kurve, danach K. weiter)* Indem ich das alles tue, erfülle ich nur ein Versprechen, das ich jemand gab, den ich liebe. Die, für die ich Sie hole, hat mich um Ihre Gegenwart gebeten, nicht um Schonung für Sie – damit das Versprechen aber wirklich erfüllt wird, noch eine Frage: Sind Sie mit allem ausgerüstet, was eine Sterbende, die die Tröstungen Ihrer Religion verlangt, braucht? Ich meine . . .

BRÜHL: Sie meinen die Sakramente? Ja, ich bin ausgerüstet: Werden wir bald am Ziel sein?

KRÖNER: Geduld. Ich dachte, die gehöre zu Ihrem Beruf? Ich mache nicht einen einzigen Umweg, der nicht notwendig wäre – schon um derer willen, die auf Sie wartet. Falls Sie nervös sein sollten, lassen Sie sich von Tonis Pistole nicht allzu sehr beunruhigen; er hat erst einmal ernsthaft geschossen, und dieses eine Mal auf eine Glühbirne im Schalterraum einer Bank. Allerdings hat er die Glühbirne aus dreißig Meter Entfernung getroffen. Sie sind nervös?

BRÜHL: Sie sollten sich die Mühe machen, Ihre Phantasie anzustrengen. Versetzen Sie sich in meine Lage. Würden Sie in meiner Lage nicht nervös sein?

KRÖNER: Ich strenge meine Phantasie an: Das gehört zu meinem Beruf, aber meine Phantasie arbeitet logisch, sie würde mir, wäre ich an Ihrer Stelle, sagen: Sie brauchen mich, brauchen mich dringend – also haben Sie keinen Grund zur Beunruhigung. Die Pistole ist nur ein Requisit.

BRÜHL: Aber ein geladenes?

KRÖNER: Nein. Glauben Sie im Ernst, wir würden mit einer geladenen Pistole so lange an Ihrer Seite herumbohren? Da könnte ja tatsächlich ein Schuß losgehen.

BRÜHL: Dann möchte ich Sie doch bitten, Ihrem – Ihrem Freund hier zu sagen, daß er die Pistole wegsteckt. Ich verspreche Ihnen, ruhig zu bleiben.

KRÖNER: Gut – also. Toni, steck das Ding weg. Übrigens werden wir bald am Ziel sein. Ich hoffe, Sie haben den Stadtplan inzwischen aus Ihrem Gedächtnis ausgelöscht.

BRÜHL: Ich versuche es, aber es gelingt mir nicht.

(Geräusch des fahrenden Autos entfernt sich)

II

(In Brühls Wohnung)

DRUVEN: Die Kapsel ist nicht zu finden, das Öl nicht – seine Stola ist weg.

PÖLZIG: Also ist er doch zu einem Versehgang.

DRUVEN: Vormittags um elf noch nicht von einem Versehgang zurück? Er hätte anrufen können, er hätte eine Notiz hinterlassen können, er hätte, hätte, hätte – Nein, glauben Sie mir: Da steckt etwas anderes dahinter. Vielleicht wäre es doch vernünftiger, die Polizei zu verständigen.

PÖLZIG: Langsam – warten Sie. Nur nicht so hastig mit der Polizei. Nur nicht gleich etwas Offizielles aus etwas machen, das vielleicht ganz privat ist.

DRUVEN: Aber es ist doch ganz eindeutig, daß er zu einem Sterbenden gerufen wurde – und nicht zurückkehrte. Meine Nachforschungen haben ergeben, daß er nicht innerhalb der Pfarre gerufen wurde.

PÖLZIG: Stimmt – ist alles richtig, alles logisch, lieber Druven; sieht nach einer Falle aus; man ruft einen Priester zu einem Sterbenden, überfällt ihn, plündert ihn aus, und kein barmherziger Samariter findet ihn. Trotzdem: Ich neige immer dazu, die Ursachen für solche Zwischenfälle im Inneren, nicht im Äußeren zu suchen.

DRUVEN: In Brühl selbst? Ach, Sie kennen ihn doch, er ist so zuverlässig und korrekt, und dabei gar nicht stur. Ich glaube nicht, daß in seinem Inneren die Ursache für einen solchen Zwischenfall zu suchen ist. Ich bin sicher, daß er in Gefahr ist und daß man die Polizei verständigen sollte.

PÖLZIG: Ich kannte einen Priester, der zuverlässig, korrekt und dabei gar nicht stur war – und der plötzlich auf die billigsten Tricks einer nicht einmal sehr reizvollen Frau hereinfiel. Mit

Fünfzig machte er plötzlich Dummheiten, deren sich ein Sechzehnjähriger schämen würde. Was mich daran erschreckte: Dreißig Lebensjahre geleugnet, ausgelöscht – und so endgültig ausgelöscht, um fünfzehn weitere Lebensjahre nichts weiter zu sein als ein dummer kleiner Lüstling. Wollen Sie mehr Fälle hören, andere? Geld als Ursache? Eitelkeit als Ursache? Lüge als Ursache? Ach, da hat die Polizei nichts zu suchen.

DRUVEN: Aber Sie sprechen so, als ob Sie sicher seien, Brühl habe . . .

PÖLZIG: Ich bin nicht sicher, nicht im geringsten – im Gegenteil: fast glaube ich, daß Sie recht haben. *(Leiser)* Hören Sie, Druven: Sie mögen mich für einen Skeptiker, einen Zyniker halten – mag sein, daß ich von beiden etwas habe, aber im Grunde ist es nur meine Angst vor weiteren Enttäuschungen, die mich immer gleich das Schlimmste annehmen läßt – es mag Ihnen entsetzlich klingen: es geschieht selten, daß man einen Priester beraubt, um mit dem Sakrament gräßliche Riten zu feiern – aber die Leute, die diese Riten feierten, *glaubten* an das Sakrament . . . wenn Sie zu wählen hätten zwischen dem Unglauben, für den das Sakrament nichts weiter ist als eine belanglose Oblate, und dieser Art Glauben: was würden Sie wählen? *(Kleine Pause)* Sie schweigen. Jedenfalls: lassen wir vorläufig die Polizei. *(Es klopft an die Tür)* Ja, bitte?

FRL. TRICHAHN *(öffnet die Tür)*: Ein Herr möchte den Herrn Pfarrer sprechen. Er sagt, es ist dringend. Ein Herr von der Polizei.

PÖLZIG: Polizei? Was soll – was . . .

DRUVEN: Sie sehen, die Polizei findet uns, wenn wir nicht zu ihr finden.

PÖLZIG: Lassen Sie den Herrn 'reinkommen. *(Leiser, während man draußen Schritte hört)* Merkwürdig, vielleicht ist es ganz etwas anderes.

KLEFFER *(schließt die Tür hinter sich)*: Verzeihen Sie, mein Name ist Kleffer.

DRUVEN: Pfarrer Druven – das ist Prälat Pölzig.

KLEFFER: Angenehm. Ich – Sie verzeihen, daß ich keine Zeit verlieren möchte und gleich anfange –, ich nehme an, es ist auch Ihnen aufgefallen, daß Herr Kaplan Brühl – na sagen wir: vermißt wird?

DRUVEN: Allerdings. Wir sprachen gerade darüber und versuchten, es uns zu erklären – bringen Sie die Aufklärung?

KLEFFER: Leider nicht. Ich weiß nur, daß er diese Nacht gegen 3 Uhr in einem schwarzen Batschari abgeholt wurde.

PÖLZIG: Genau das wußten wir auch, von der Haushälterin – nur wußten wir nicht, daß das Auto ein Batschari war. Wissen Sie mehr als das?

KLEFFER: Leider nein. Wissen Sie etwas?

DRUVEN: Nein – wir fanden alle die Geräte und Gegenstände nicht, die ein Priester zu einem Versehgang braucht. Aber Versehgänge dauern selten von 3 Uhr nachts bis 11 Uhr vormittags.

KLEFFER: Es ist sicher, daß diese Geräte und Gegenstände fehlen?

PÖLZIG: Ja, ganz sicher – auch muß er schnell abberufen worden sein, denn er hat weder Hut noch Mantel mit. Was können Sie uns erzählen?

KLEFFER: Daß diese Nacht um 2 Uhr in der Centralbank ein Tresor aufgeknackt worden ist, mit Erfolg, und ohne daß die Täter geschnappt oder auch nur überrascht wurden. Sozusagen das, was wir ein Meisterstück nennen, eine Arbeit, die mindestens vier Monate lang aufs präziseste geplant und vorbereitet worden sein muß. Gold im Werte von 180 000 Mark wurde gestohlen. Um halb zwei wurde in einer Nebenstraße, nicht weit von der Bank entfernt, ein schwarzer Batschari gesehen – parkte da bis Viertel nach zwei.

DRUVEN: Ein Batschari? Das ist doch ein ziemlich auffälliger Wagen. Ich verstehe nicht, daß . . .

KLEFFER: Sie werden verstehen, wenn Sie wissen, daß es der Batschari des Bonbon-Fabrikanten Huffkott war. Diesen Wagen kennt jedes Kind, kennt jeder Polizist. Und dieser Wagen parkt fast jede Nacht von 12 bis gegen 2 Uhr in der Nähe der Centralbank, weil Herr Huffkott die Angewohnheit hat, jeden Abend im »Kolibri« einen Cocktail zu trinken. Das Auffällige ist oft die beste Tarnung.

PÖLZIG: Und Herr Huffkott?

KLEFFER: War, was sehr selten geschieht, an diesem Tage ohne seinen Wagen unterwegs – als er heute morgen nach Hause kam, stand sein Auto wieder in der Garage. Sicher haben die Räuber erst ihre Beute sichergestellt, sind dann zurückgefahren und haben den Priester geholt, als Komplice oder . . .

DRUVEN: Ich bitte Sie!

KLEFFER: Ich hoffe, daß meine rein theoretischen Erwägungen nichts Kränkendes enthalten. Ich muß mit der Möglichkeit

rechnen, daß es Priester gibt, die zu Komplicen von Bank-
räubern werden, mit der Möglichkeit, nicht mit der Wahr-
scheinlichkeit.

PÖLZIG *(lacht)* : Sagen Sie nur, daß es zu den Gewohnheiten der
Bande gehört, Priester zu ihren Komplicen zu machen.

KLEFFER : Tatsächlich hat die Bande außergewöhnliche Prak-
tiken : sie taucht nur alle drei, vier Jahre auf, macht einen gut
vorbereiteten Fischzug und verschwindet spurlos, aber wirklich spurlos : man weiß nicht einmal, wie die einzelnen aussehen, noch nie hat man ein Mitglied geschnappt. – Den ersten
Einbruch verübte sie 1947 in Stockholm, den zweiten 1951 in
Berlin, den dritten 1956 in London, und jedesmal, jedesmal
verschwand nach dem Auftreten der Bande eine Person, von
der man annehmen mußte, sie habe in jahrelanger Arbeit das
Terrain vorbereitet. In London war es ein Kirchenrendant
– man fand seine Abrechnung in Ordnung, kein Penny fehlte –
nur hatte er jahrelang ein Konto bei der Bank unterhalten, in
der später eingebrochen wurde. In Berlin war es . . .

DRUVEN : Gut. Das bedeutet, daß Sie die Wohnung von Kaplan
Brühl untersuchen müssen.

KLEFFER : Allerdings.

PÖLZIG : Nun, wir hindern Sie nicht daran – hindert unsere
Gegenwart Sie?

KLEFFER : Nein, im Gegenteil, es ist mir lieber, wenn Zeugen
anwesend sind. *(Öffnet die Tür und ruft)* Schwitzkowski, fangen Sie an. *(Schritte, Schranktüren werden geöffnet, Schubladen
herausgezogen, Fächer entleert, während das Gespräch weitergeht)*

DRUVEN : Fehlt nur, daß Brühl wirklich ein Konto bei der Centralbank unterhielt.

SCHWITZKOWSKI : Ich kann Sie beruhigen. Hier sind die Kontoauszüge : alle von der Sparkasse. *(Das Suchen geht weiter)*

KLEFFER : Ich bin sicher, daß wir nichts finden – es ist eine Rou-
tinesache, aber ich muß sie leider durchführen. Sind Sie sicher,
daß alle Geräte fehlen, die ein Priester zu einem Versehgang
braucht?

DRUVEN : Absolut sicher. Übrigens, falls Ihnen daran liegen
sollte, Auskunft über Kaplan Brühl zu erhalten : ich bin bereit,
Ihnen diese zu geben : privat, was sich offiziell bestätigen
würde. Er war . . .

KLEFFER : Ich weiß : einundvierzig Jahre alt, geboren 1916,
Sohn eines Notars, Abitur 1934, Priesterweihe 1940 ; dann im
Reservelazarett Osnabrück als Sanitätsgefreiter, als Sanitäts-

unteroffizier, Sanitätsfeldwebel – sechs Monate amerikanische Gefangenschaft; von 1946 bis 1950 Kaplan in Essen, seit 1950 hier. Keine Vorstrafe . . .

PÖLZIG: Kein polizeilich registrierter Makel an ihm.

KLEFFER: Vielleicht ein privater?

DRUVEN: Ich würde sofort meine Hand dafür ins Feuer legen, daß Brühl nichts, gar nichts mit dieser Sache zu tun hat.

KLEFFER: Und Sie, Herr Prälat?

PÖLZIG: Ich kannte ihn weniger – ich . . . *(schweigt)*

KLEFFER: Sie zögern?

PÖLZIG: Ja, ich zögere, nicht, weil ich Brühl mißtraue – ich zögere grundsätzlich – ich, wissen Sie, den Glauben eines Menschen kann man nicht sehen, nie. Nie haben Sie Sicherheit: oft finden Sie den Glauben bei den kompliziertesten, nachdenklichen Menschen in der einfachsten Form, ganz selbstverständlich – und einfache, wenig komplizierte Menschen können auf eine erschreckende Weise ungläubig sein, obwohl sie die Routine der Gläubigkeit beibehalten.

DRUVEN: Ich bin sicher, daß Brühl das Opfer eines Verbrechens geworden ist – vielleicht ging es nur um seine Kleidung, die man zur Flucht brauchte. Sie werden sehen.

KLEFFER: Ich neige zu Ihrer Ansicht, was nicht ausschließt, daß ich zunächst Brühls Verstrickung annehmen muß: das Mitnehmen der Geräte kann auch von *ihm* eine Täuschung sein.

DRUVEN: Mag sein, daß Ihr Amt Sie zur Skepsis verpflichtet – ich, ich kenne Brühl seit sechs Jahren – ich – *(zögert erst, dann weiter)* ich glaube, ich könnte es nicht ertragen, wenn sich herausstellte, daß Ihre Skepsis berechtigt gewesen wäre.

PÖLZIG: Vielleicht liegt unser Irrtum darin, daß wir nicht annehmen wollen, daß Leute, die wir Verbrecher nennen, nicht *glauben* können . . . vielleicht . . .

DRUVEN *(heftig)*: Nein, nein, ich weiß, daß die, die wir Verbrecher nennen, glauben können. Ich weiß es. Aber Brühl . . . er kann meinetwegen alles sein, nur kein Heuchler – das wäre er, wenn er sechs Jahre hier gelebt, sein Amt ausgeübt und nebenbei einen Bankeinbruch vorbereitet hätte. Sagen Sie, mir scheint, es gibt eine Lücke in Ihrem Bericht: finden Sie es nicht recht kühn von diesem Burschen, mit einem immerhin auffälligen Wagen wie einem Batschari eine Stunde *nach* dem Einbruch durch die Stadt zu rasen, um einen Priester zu holen?

KLEFFER: Sie haben recht; es ist eine Unverschämtheit, die nur einen Schluß zuläßt: Die Burschen müssen in einer verzweifelten Situation gewesen sein. Mit dem kleinen Ausflug hierhin haben sie den Erfolg ihres Einbruchs aufs Spiel gesetzt, haben sich in Gefahr begeben, ihre Anonymität preiszugeben. Es muß etwas außerordentlich Dringendes gewesen sein – und sosehr ich auch nachdenke, ich finde nichts, es fällt mir nichts ein, außer, daß sie Brühl eben mitnehmen wollten.

DRUVEN: Vielleicht denken Sie zu wenig an das Nächstliegende: daß man einfach einen Priester brauchte für einen Sterbenden.

KLEFFER: Glauben Sie im Ernst, daß es eine Einbrecherbande gibt, die ihre Beute – 180000 Mark, die zehn Jahre Zuchthaus aufs Spiel setzt, um einem ihrer Bandenmitglieder die Sterbesakramente spenden zu lassen?

PÖLZIG: Da Sie mit *allen* Möglichkeiten rechnen – mit der für Pfarrer Druven unannehmbaren, daß Brühl ein Heuchler ist, ein Verbrecher, der sechs Jahre lang hier den Geistlichen spielte, um den Einbruch vorzubereiten – da Sie mit *allem* rechnen, müssen Sie auch damit rechnen.

KLEFFER: Ich rechne damit, daß wir von den Spurlosen wie von Kaplan Brühl nie mehr etwas sehen, nie mehr etwas hören – ich glaube nicht, daß ausgerechnet ich das Glück haben soll, eine Bande zu schnappen, die dreimal entwischt ist, ohne die geringste Spur zu hinterlassen.

DRUVEN: Sie glauben nicht, daß wir Brühl jemals wiedersehen?

KLEFFER: Es würde mich sehr überraschen.

DRUVEN: Ich hoffe, Sie sind noch zu überraschen.

KLEFFER: Ich habe wenig angenehme Überraschungen erlebt – und verzeihen Sie, ich muß jetzt gehen. Sie verstehen, daß ich jemand in der Wohnung postieren muß: das Telefon muß überwacht, jeder Hinweis beachtet werden.

PÖLZIG: Selbstverständlich. Wir verstehen.

III

(Bei Kleffer)

KLEFFER: Ich kann Ihnen nichts sagen – Sie verstehen wohl, in diesem Stadium.

DRUVEN: Sie wissen auch nicht, ob er noch lebt?

KLEFFER: Noch nie hat diese Bande jemanden ermordet, noch nie. Er lebt, er lebt bestimmt noch – nur möchte ich wissen, wo.

DRUVEN: Sie wissen es nicht?

KLEFFER: Ich weiß es nicht, und wenn ich es wüßte, dürfte ich es Ihnen nicht sagen. Warum kommen Sie zu mir? Haben Sie Zweifel bekommen?

DRUVEN *(leise)*: Nein, Angst. Nicht Angst um sein Leben, Angst vor einer Enttäuschung. Ich würde nicht darüber hinwegkommen, wenn . . .

KLEFFER: Also doch Zweifel?

DRUVEN: Vielleicht. Zwei Tage . . . immer wieder habe ich über alles nachgedacht, immer wieder. Es ist mir erst klargeworden, wie sehr ich an ihm hänge; es gibt den Trost der Paradoxie, den atemlosen Trost des Grenzfalles – er, er war für mich das andere: der Trost der Gradlinigkeit . . . ich könnte es nicht ertragen. *(Heftiger)* Wenn Sie irgend etwas wissen: sagen Sie es mir.

KLEFFER: Ich würde Ihnen sagen: ich weiß, daß er unschuldig ist – ich würde Ihnen sagen: ich weiß, daß er schuldig ist, aber ich weiß weder das eine noch das andere, und ich glaube nicht, daß ich es jemals wissen werde.

DRUVEN: Freuen Sie sich, wenn jemand schuldig ist, oder freuen Sie sich, wenn jemand unschuldig ist?

KLEFFER: Wie meinen Sie das?

DRUVEN: Überwiegt das Interesse, jeweils den Fall zu klären, oder ihn für geklärt zu halten, die Gleichung zu lösen – oder gibt es noch den Wunsch, jemandes Unschuld genauso lückenlos zu beweisen wie jemandes Schuld?

KLEFFER: Leider ist weder die Unschuld noch die Schuld jeweils so lückenlos zu finden – hören Sie, am Tage nach dem Einbruch zog ein Ausländer, der zwei Jahre lang ein kleines Häuschen hier gemietet hatte, plötzlich weg nach Frankfurt. Er konnte seinen Wegzug nicht genügend motivieren, konnte auch kaum nachweisen, woher er sein Geld hatte – wir konnten ihm nicht beweisen, daß er an dem Einbruch beteiligt war. Aber für mich wird er so lange verdächtig bleiben, bis der Schuldige oder die Schuldigen gefunden wurden.

DRUVEN: Ich habe darüber gelesen. Ein Italiener, Crometti?

KLEFFER: Ja, so hieß er. Sie wissen den Namen?

DRUVEN: Ich lese jede Zeile, die über den Fall geschrieben wird . . . Crometti, ein Italiener mit Frau, zwei Kindern und viel Geld – das klingt so schön verdächtig. Ein Mann beschließt plötzlich, seinen Wohnsitz zu verlegen, um ihn den Titelblättern der Zeitungen auszuliefern. Unrasiert war er, als man ihn fotografierte, im Schlafanzug. Millionen sahen sein Bild

– und Hunderttausende halten ihn für den Täter – oder für den Hehler. Hunderttausende halten auch Brühl für einen Hehler, vielleicht, weil sein Foto so korrekt aussah. Er war rasiert, mit sauberem Kragen, mit diesem gläubigen, etwas traurigen Blick, wie junge Priester ihn haben. Verdächtig, verdächtig – rasiert oder unrasiert, beides kann dazu beitragen, den Verdacht zu stärken.

KLEFFER *(freundlich)*: Werden Sie nicht bitter, Herr Pfarrer – was sollen wir tun?

DRUVEN: Was Sie tun sollen? Ich weiß, was ich tun würde: annehmen, daß man ihn zu einem Sterbenden holte. Warum sollte nicht einer der Räuber plötzlich erkrankt sein und nach einem Priester verlangt haben? Warum nicht?

KLEFFER: Mag sein, daß so was vorkommt, daß jemand nach einem Priester verlangt. Aber *geholt* würde er nicht, nicht in dieser Situation, wo jede Minute kostbar war.

DRUVEN: Vielleicht waren die Minuten gar nicht so kostbar. Einen Kranken hätten sie ja weder mitnehmen noch allein zurücklassen können. Das wäre nicht Barmherzigkeit, sondern eine Notwendigkeit gewesen.

KLEFFER *(freundlich)*: Ihr Scharfsinn in Ehren: ich habe auch diese Möglichkeit einkalkuliert, weil es die einzige Voraussetzung dafür wäre, daß sie noch in der Stadt sind.

DRUVEN: Und sind sie noch in der Stadt?

KLEFFER: Ich weiß es nicht. Nicht eine einzige Spur. Wahrscheinlich ist – wenn die Voraussetzung, daß einer schwer erkrankte, stimmt –, daß einige mit der Beute weg sind und andere noch hier hocken, bei dem Kranken oder Verletzten. Das wiederum würde bedingen, daß sie miteinander in Verbindung stehen, durch Funk, durch Briefe, Telefon *(seufzt)*. Wissen Sie, was das bedeutet? Daß wir in jedes Gespräch aus dem Ausland hineinhören – jeden Brief, jede Postkarte kontrollieren müßten . . . Ein junger Mann schreibt einem jungen Mädchen hier eine Postkarte aus Glasgow: schon wird er verdächtig. Harmlose Worte werden höchst fragwürdig: »Habe eine schöne Reise gehabt und alles ist in Ordnung. Hoffe, dich bald wiederzusehen.« Das kann *alles* bedeuten – *(seufzt)*. In einem Ferngespräch aus New York wird über sieben Sack Soda verhandelt – verdächtig. Ein anderer empfängt postlagernd eine Ansichtskarte aus einem Wallfahrtsort in Irland: »Empfehlen euch dringend der Mutter Gottes und erwarten euch sehnsüchtig.« Verdächtig.

DRUVEN: Ein Wallfahrtsort in Irland?

KLEFFER: Ja. Knock . . . Kennen Sie jemand dort, oder jemanden, der dorthin gefahren ist?

DRUVEN: Nein – aber es ist so merkwürdig.

KLEFFER: Hier haben Sie eine Fotokopie der Ansichtskarte: blauer Himmel, weiße Wolken, eine Kapelle mit gläsernen Wänden, Tannen im Hintergrund. – Und hier der Text. *(Lacht)* Nein, nein, es ist nicht Brühls Schrift.

DRUVEN: Warum lachen Sie, wenn ich nach Spuren von ihm suche?

KLEFFER: Verzeihung, ich wollte Ihnen nicht weh tun.

DRUVEN: Weh tun? Sie können nicht ahnen, wieviel für mich von der Frage abhängt, ob Brühl . . .

KLEFFER: Ich dachte, Ihr Leben sei auf Gott gerichtet und von Gott bestimmt.

DRUVEN *(leise)*: Würde das bedeuten, daß die Menschen fallen und aufstehen, schlecht und gut sind, ohne eine Spur in mir zu hinterlassen? *(Heftiger)* Daß sie kommen und gehen, wie Wolken, die Regen bringen oder Schönwetter, *(wütend)* wie Hühner, die Eier legen und die man schlachtet, wenn sie weniger Eier legen? Brühl ist ein guter Mensch, verstehen Sie, was das bedeutet? Ein guter Mensch. Er könnte sich plötzlich verlieben, er könnte meinetwegen Geld stehlen, plötzlich – aber daß er sechs Jahre neben mir lebte – Sie rechnen doch nicht im Ernst damit, daß er in die Sache verstrickt ist?

KLEFFER: Ich rechnete erst damit, daß es um die Kleidung ging. Aber die Priesterkleidung war sechs Stunden nach Brühls Verschwinden wertlos, sie war geradezu belastend, denn noch nie sind Leute in Priesterkleidung so genau untersucht worden, wie seit Brühls Verschwinden. Außerdem braucht man nicht einen Priester zu entführen, um Priesterkleidung zu bekommen. Mir bleibt nur die eine Möglichkeit . . .

DRUVEN: Zu glauben, daß er . . . ?

KLEFFER: Ja.

DRUVEN: Sie haben ihn nicht gekannt, nie gesehen – Sie sehen ein Foto, eine Wohnung, Kontoauszüge, Briefe, den Menschen kennen Sie nicht.

KLEFFER: Den Menschen? Es verwundert mich, ich dachte Gott . . .

DRUVEN *(leise)*: Es gibt nur wenige Menschen, die von Gott allein und mit Gott allein auf dieser Welt leben können. Ich, ich kann es nicht. Nie habe ich begreifen können, daß die

Binsenwahrheit »Wir sind doch alle Menschen« auch nur den geringsten Trost bieten konnte. Daß wir Menschen sind, wußte ich immer, aber manchmal entdeckte ich etwas mehr.

KLEFFER: Und von diesem »etwas mehr« leben Sie?

DRUVEN: Ja . . . ja, davon lebe ich. Es ist sehr wenig, dieses »etwas mehr« . . . Ich sah sein Gesicht in allen Zeitungen, millionenfach ist es verdächtigt und verhöhnt worden, nur, weil er ging, als man nach ihm verlangte.

KLEFFER: Sie haben also keine Zweifel mehr?

DRUVEN *(leise)*: Ich weiß nicht, ob ich je welche hatte . . . aber halten Sie es für so selbstverständlich, daß man auf der Rasierklinge der Paradoxie herumtänzelt, ohne sich nach Gefährten umzusehen, die einem ein wenig Halt geben?

KLEFFER: Sollte ich der Gefährte sein?

DRUVEN: Vielleicht.

KLEFFER: Sie fanden keinen besseren?

DRUVEN *(leise)*: Nein – vielleicht verlangt mich danach, gerade Sie zum Gefährten zu haben. Ist Ihnen wohl dabei, wenn Sie die Gesichter der Verdächtigen auf den Titelblättern der Zeitungen sehen: rasiert, unrasiert – diesem Moloch ausgeliefert, der Blut verlangt, Blut, das kostbarer ist als 180000 Mark? Sie sagen, die Bande, nach der Sie suchen, hat noch nie Blut vergossen?

KLEFFER: Noch nie.

DRUVEN: Ich fange an, diese Leute zu mögen.

KLEFFER: Vielleicht möchten Sie sich nur einreden, daß Brühl, selbst wenn er zu ihnen gehörte, gar keine Enttäuschung wäre? Wie? *(Lacht)* Vielleicht wollen Sie die Hoffnung nicht preisgeben und suchen ihr, dieser leichten und zarten Blüte, einen Platz – vielleicht auf der Rasierklinge der Paradoxie. Aber auf dieser Messerschneide ist kein Platz für Muttererde, nicht einmal für jenes Minimum, das die zähe kleine Pflanze braucht. Deshalb fangen Sie an, die Leute zu mögen, Herr Pfarrer: weil die Hoffnung so zäh ist.

DRUVEN: Ja, die Hoffnung ist zäh – die Verzweiflung ist weicher und gefährlicher. Sie schleicht, sie ist süß. *(Leise)* Sie können mir nicht helfen?

KLEFFER: Nein.

DRUVEN: Aber Sie würden mir versprechen, mich zu verständigen, wenn Sie etwas wissen?

KLEFFER: Auch, wenn es etwas ist, das Ihrer Verzweiflung Nahrung gibt?

DRUVEN: Auch dann. Ich will es wissen.

KLEFFER *(leise)*: Und Ihr Gott, Herr Pfarrer – an den ich übrigens nicht glaube –, wird Ihr Gott mit diesem Menschen sterben?

DRUVEN: Vielleicht ja. Ich weiß nicht. *(Müde)* Rufen Sie mich an.

IV

(Entfernt das Geräusch hin- und herfahrender Loren. Geräusch eines arbeitenden Baggers)

DR. KRUM: Glaub mir, ich würde dir sagen, wenn es irgend etwas gäbe, das ein anderer Arzt hätte besser machen können als ich. Es gibt kein besseres Medikament als das, was ich seit zwei Tagen injiziere. Es muß sich bald entscheiden, ob wir weg können.

KRÖNER: Du würdest mir auch sagen, wenn es besser für sie wäre, in ein Krankenhaus zu gehen?

DR. KRUM: Ich würde es dir sagen. Glaub mir, es kann im Augenblick nichts besseres mit ihr geschehen, als was hier geschieht. Objektiv ist sie reisefähig – es kommt jetzt nur darauf an, wie sie sich fühlt.

KRÖNER: Wir müssen weg, wir müssen 'raus. Wo du hinkommst, reden sie über den verschwundenen und entführten Priester. In jeder Zeitung sein Bild . . . jeder würde ihn sofort erkennen.

DR. KRUM: Du hättest zum hiesigen Pfarrer gehen sollen, ihn holen. Immerhin habt ihr zwei Monate hier gelebt, die Leute kennen euch, kennen mich seit Jahren. Es wäre nicht aufgefallen.

KRÖNER: Ich weiß, aber ich hatte Angst, daß Marianne reden würde, und den hiesigen Pfarrer hätten wir unmöglich innerhalb seiner Pfarre zwei Tage lang einsperren können. Dieser hier ist sanft wie ein Lamm. Ich wünsche nur, ich könnte ihn loswerden – aber er wird reden, er ist nicht von der Sorte, die schweigen kann; wenn sie ihn ausquetschen, wird er sprechen.

DR. KRUM: Zum Glück hat mit den anderen wenigstens alles geklappt.

KRÖNER: Ja. Eine Postkarte aus Glasgow: Habe eine schöne Reise gehabt, und alles ist in Ordnung. Hoffe, dich bald wiederzusehen. *(Schärfer) Du* bist der Arzt, *du* hast zu entscheiden: kann sie nun reisen oder nicht?

DR. KRUM: Ich sagte dir ja: *objektiv* ist sie reisefähig.

KRÖNER: Also fahren wir. *(Leiser)* Sag mir: war sie *wirklich* so schwer krank?

DR. KRUM: Du meinst . . .?

KRÖNER: Ich hatte manchmal den Verdacht, daß sie nur mit uns gefahren ist, um hier krank zu werden – und mit einem Priester zu sprechen. War sie *objektiv* krank?

DR. KRUM: Kein Zweifel, daß sie objektiv schwer krank war – nicht der geringste Zweifel.

KRÖNER: Gut. Und jetzt können wir fahren. Ja oder nein?

DR. KRUM: Ja.

KRÖNER: Gut. Und wie immer: keine Spur darf zurückbleiben. *(Tür wird geöffnet und geschlossen. Kröner scharf)* Was wollen Sie?

BRÜHL *(leise)*: Ich will 'raus, lassen Sie mich 'raus. Ihre Frau ist wieder gesund.

KRÖNER *(freundlich)*: Wollen Sie uns noch eine Stunde Zeit lassen, *eine* Stunde?

BRÜHL: Ich weiß nicht, ob ich es noch ertrage. Ihre Freundlichkeit jedenfalls ertrage ich nicht länger.

KRÖNER: Weil wir so wenig Ihrer Vorstellung von Verbrechern entsprechen, werden Sie nervös, wie? Ist es das?

BRÜHL: Ich weiß nicht, was es ist. Ich will weg. Es gibt Menschen, die auf mich warten, die mich brauchen – hier sitze ich und unterhalte mich mit Ihrer kranken Frau über Dinge, über die ich mich auch mit der Frau des Bankiers unterhalte, der zu meinen Pfarrkindern zählt. Nur: da dauert der Höflichkeitsbesuch fünfundzwanzig Minuten – bei Ihnen zwei Tage.

KRÖNER: Der Unterschied ist, daß es kein Höflichkeitsbesuch bei uns ist, sondern eine Notwendigkeit.

BRÜHL: Für Sie. Damit Ihr Geld gerettet wird.

KRÖNER: Etwas mehr als Geld.

BRÜHL: Ihre Freiheit, die Sie mit der Freiheit anderer, mit meiner etwa, bezahlen. Es geht um ein Leben in Frieden und Wohlstand, Ruhe, Kindererziehung, ein Leben an der See, auf einer Insel. Wahrscheinlich lesen Sie auch Platon dort?

KRÖNER: Ich fange an, Sie zu mögen, Sie, *(lacht)* ein Priester, der nachdenkt.

BRÜHL: Bilden Sie sich nicht zuviel ein. Ich habe schon früher nachgedacht.

KRÖNER: Über die Sünden Ihrer Pfarrkinder? Des Bankdirektors? Hören Sie, ich will Ihnen etwas erzählen: Einmal versenkte ich ein Schiff mit zwanzigtausend Tonnen Lebensmitteln: Rindfleisch, Tomaten, Äpfel, Schinken, Eier, Mehl, Kaffee. Wissen Sie, wieviel Frühstücke auf diesem Schiff waren: 40 Millionen. Ein Frühstück für eine ganze Nation, eine große Nation. Ein Schiff, zwei Torpedos – im ganzen versenkten wir einhundertzwanzigtausend Tonnen Lebensmittel: sechs Mahlzeiten für eine ganze Nation. Ein anderes Mal...

BRÜHL: Ich habe keine Rechtfertigung von Ihnen verlangt, oder?

KRÖNER: Es ist keine Rechtfertigung, nur der Versuch, ein wenig zu Ihrer Unterhaltung beizutragen.

BRÜHL: Ich habe immer geglaubt, ich verstünde die Menschen, die Verbrechen begehen. Nur wenn sie anfingen, diese Verbrechen zu begründen, dann hörte mein Verständnis auf. Wenn ich den Finanzmann besuche, der mein Pfarrkind ist, fängt er immer an, mir aufzurechnen, wie segensreich seine Tätigkeit ist. Wollen Sie beichten: hier sind meine Ohren. Aber die Zeit meiner Ohren ist begrenzt. Lassen Sie mich 'raus. Ich habe schon zuviel Zeit hier verloren.

KRÖNER: Ich dachte, Sie verständen sich glänzend mit meiner Frau.

BRÜHL: Ich verstehe mich glänzend mit Ihrer Frau, aber die Zeit, die ich auf glänzendes Verstehen mit anderen Menschen anwenden kann, selbst wenn sie krank sind, diese Zeit ist sehr begrenzt. Meine Ohren, meine Hände, mein Mund – andere warten darauf. Ich habe Ihrer Frau die Sakramente gespendet: lassen Sie mich gehen!

KRÖNER: Werden Sie sprechen?

BRÜHL: Ich glaube: nein.

KRÖNER: Sie *glauben:* nein?

BRÜHL: Ich werde versuchen so zu sein, als ob meine Ohren nichts gehört und meine Augen nichts gesehen hätten – aber lassen Sie mich jetzt 'raus!

KRÖNER: Ich denke, wir werden in einer halben Stunde verschwinden können. Werden Sie uns sechs Stunden Vorsprung lassen?

BRÜHL: Sechs Stunden Schweigen – worüber schweigen?

KRÖNER: Wie wir aussehen, wie wir sprechen, wie wir gekleidet sind. Wir waren einmal die Spurlosen.

BRÜHL: Warum reden Sie so sanft mit mir?

KRÖNER: Ich bin meiner Sache gar nicht so sicher, wie Sie zu glauben scheinen. Zerstören, zerstören – wissen Sie, was das bedeutet, jahrelang zu zerstören. In einer Fabrik in Mitteldeutschland stellen dreißig Arbeiter eine Bombe her – in einer anderen bauen hundert ein Flugzeug – irgendwo in der Welt bauen vierhundert, fünfhundert Arbeiter eine Brücke, jahrelang bauen sie – und in einer einzigen Minute wird die Brücke von Flugzeug und Bombe zerstört sein. Ich suche das Verhältnis zwischen Zerstörung und Arbeit. Ich habe die Männer gehaßt, die mir zu zerstören befahlen – aber ich hasse sie noch mehr, seitdem ich weiß, daß sie jetzt wieder Lateinunterricht geben, Heringe verkaufen oder sich darüber erregen, wenn ihr Kind ein Spielzeug oder einen Suppenteller zerbricht.

BRÜHL: Ich bewundere Ihren Einbruch, aber Ihre Philosophie bewundere ich nicht.

KRÖNER: Haben Sie eine bessere Philosophie?

BRÜHL: Ich habe überhaupt keine; ich habe meine Ohren, meinen Mund, meine Hände; ich höre, spreche und vollziehe mit meinen Händen Handlungen an Bankdirektoren, Einbrechern, Kindern. Lassen Sie mich jetzt gehen! Ich habe nie ein Vorurteil gegen Menschen gespürt. Lassen Sie mir den Glauben, daß es Ihnen bei Ihrem Einbruch nur um Geld ging: das könnte ich verstehen. Ihre Philosophie verstehe ich nicht.

KRÖNER: Ich kann Ihnen diesen Glauben leider nicht lassen.

BRÜHL: Schade: eine Enttäuschung mehr.

DR. KRUM: Fürchten Sie sich vor Enttäuschungen?

BRÜHL: Sie nicht?

DR. KRUM: Nein.

BRÜHL: Schade um Sie. Ich habe Angst vor Enttäuschungen, immer noch, obwohl sie täglich über mich hinrieseln wie Sand. Man kann nicht unter Gerippen leben: Hoffnungen und Enttäuschungen sind das Fleisch an diesen Gerippen. Außerdem ist es so, daß auch *ich* für andere eine Enttäuschung werden könnte. Ich möchte das vermeiden. Wir geben uns zu wenig Rechenschaft darüber, wieviel Enttäuschungen wir anderen bereiten, Enttäuschungen sind . . .

DR. KRUM *(unterbricht ihn sanft)*: Ach, predigen Sie nicht; streichen Sie das Wort Enttäuschung aus Ihrem Vokabular!

V

(Tür wird geöffnet und geschlossen)

MARIANNE: Er ist noch ausgegangen, Herr Pfarrer. Ich habe ihn gesehen – vor noch nicht zehn Minuten.

BRÜHL: Allein?

MARIANNE: Mit seiner Frau.

BRÜHL: Er scheint jeden Abend mit seiner Frau auszugehen.

KRÖNER *(mißtrauisch)*: Wovon sprecht ihr?

MARIANNE: Von seinem Schulkameraden. *(Da alle schweigen, weiter)* Ich habe es dir doch erzählt. Er hat entdeckt, daß unserem Haus gegenüber ein Schulkamerad von ihm wohnt, den er seit dreißig Jahren nicht mehr gesehen hat.

KRÖNER: Es kann nicht schön sein, jemanden wiederzusehen, den man vor dreißig Jahren kannte.

BRÜHL *(leise)*: Jetzt predigen Sie. War er gut gelaunt?

MARIANNE: Nicht so gut wie gestern. Er sah müde aus, mürrisch. Wahrscheinlich hat er kein Geld mehr . . . Ich bin gespannt, wann sie zurückkommen, wir . . .

KRÖNER *(scharf)*: Gehen Sie vom Fenster weg, Mann. Machen Sie uns nicht im letzten Augenblick alles kaputt. Mein Gott, sind Sie wahnsinnig geworden? Zwei Tage waren Sie so folgsam, und jetzt. *(Seufzt)* Machen Sie keine Dummheiten!

BRÜHL: Lassen Sie mich 'raus – Marianne, sagen Sie ihm, daß er mich 'rausläßt.

MARIANNE: Warum läßt du ihn nicht 'raus?

KRÖNER: Erst sechs Stunden nachdem wir weg sind, kann er das Haus verlassen.

MARIANNE: Aber wir können weg.

DR. KRUM: Ich glaube, wir können es riskieren: es scheint ihr glänzend zu gehen. Du siehst, ich hatte recht mit meinem Medikament.

KRÖNER: Gut, packen wir unsere Sachen. Marianne, setz dich solange! Ruh dich ein wenig aus! In einer Viertelstunde gehen wir. Und such ihm beizubringen, daß er noch sechs Stunden warten muß, ehe er das Haus verläßt. *(Scharf)* Und vom Fenster weg, gehen Sie erst gar nicht ans Fenster. Marianne, achte darauf!

(Tür auf und zu. Kröner und Dr. Krum ab)

BRÜHL *(leise)*: Wo wohnen Sie?

MARIANNE: Sie haben mich schon so oft gefragt. Irgendwo im Westen.

BRÜHL: Westlich wovon?

MARIANNE *(lacht)*: Westlich von hier – und Westen hört genau da auf, wo Osten anfängt. Ich stelle Ihnen also einhundertachtzig Längengrade zur Verfügung, um uns zu suchen. Oder – *(zögert)* oder würden Sie vielleicht mit uns gehen?

BRÜHL *(schweigt erst, dann langsam)*: Dachten Sie ernsthaft daran, mich mitzunehmen?

MARIANNE: Ja. Wir könnten einen Priester brauchen. Zehn Familien, wissen Sie, fünfundzwanzig Kinder. Einen Priester braucht man. Dort, wo wir leben, ist eine Kirche, verlassen, verfallen. Manchmal nehme ich die Frauen und Kinder mit, wir singen, beten. Es gibt noch ein Stück von einer Statue dort: nur die Füße, mit Sandalen, sicher Franziskus, vielleicht ein anderer Mönch. Es ist schön dort: Meer und Sand, viel Strand; die Kinder schreiben ihre Schulaufgaben in den Sand, und wenn die Flut kommt, löscht sie alles wieder aus: $3 + 3 + 7 = 13$ oder $3ax + b + 19 = 4x$ – *(immer eindringlicher)* oder Aufsätze: »Bevor die Sonne untergeht, strahlt sie noch einmal . . .«

BRÜHL: Warum erzählen Sie mir das alles?

MARIANNE: Weil wir einen Priester brauchen. Thomas würde nicht nein sagen. Oder würde es Sie stören, von dem Geld zu leben, das . . .

BRÜHL: Nein. Aber warum wollen Sie mich weglocken von hier?

MARIANNE: Weil wir einen Priester brauchen, und hier gibt es genug.

BRÜHL: Ich kann nicht.

MARIANNE: Schade – aber Sie werden sechs Stunden schweigen: uns diesen Vorsprung lassen? *(Brühl schweigt)* Sagen Sie, werden Sie schweigen?

BRÜHL: Ich weiß nicht, ob ich die Kraft dazu haben werde, wenn sie mich verhören.

MARIANNE: Sie können uns nicht verraten: zehn Familien, fünfundzwanzig Kinder . . .

BRÜHL: Wie alt sind Ihre Kinder?

MARIANNE: Zwölf, vierzehn und sechzehn – auch das habe ich Ihnen schon oft gesagt.

BRÜHL: Sechzehn? Da war noch Krieg, als Ihr ältestes Kind geboren wurde.

MARIANNE: Ja, er war vier Jahre alt, als wir mit dem U-Boot wegfuhren. Ein kleiner Hafen in Dänemark; dort trafen wir alle zusammen, zehn Frauen, drei Kinder waren damals dabei. Jetzt sind es fünfundzwanzig.

BRÜHL: Und in sechs Stunden werden Sie dort sein?

MARIANNE: Nein – warum fragen Sie? Es ist besser, Sie wissen es nicht. In sechs Stunden werden wir so weit sein, daß Sie würden sprechen können, ohne uns zu verraten. Aber ich bitte Sie, schweigen Sie auch nach sechs Stunden. Was werden Sie tun?

BRÜHL: Ich werde schweigen.

MARIANNE: Es wäre schön, wenn Sie mitkämen. Sie würden Religionsunterricht am Strand geben, in den Sand schreiben: Ich glaube an Gott, den allmächtigen Vater, Schöpfer des Himmels und der Erde – Sie würden in den Sand schreiben: Erstes Gebot, zweites Gebot, drittes Gebot. – Wir würden zusammen die Heiligenstatue, die nur noch Füße hat, nach oben zusammenflicken. Eine Kutte. Was sollen wir ihm in die Hand geben: ein Kreuz, ein Kind, einen Totenkopf oder einen Apfel?

BRÜHL: Ihm? Sind Sie so sicher, daß es keine Heilige war?

MARIANNE: Nein, es sind Männerfüße – vielleicht eine Kirche in seine Hände oder eine Taube?

BRÜHL: Ich kann nicht mit Ihnen gehen, Marianne, es warten zu viele hier auf mich, und – ich will nicht.

MARIANNE: Wenn die Arbeit getan ist, könnten Sie fischen gehen, auf einer Klippe sitzen mit der Angel und hoffen, daß kein Fisch anbeißt. Oder mit den Kindern Muscheln sammeln, sie Deutsch lehren: »Ich bin über den Bach gesprungen, du bist über den Bach gesprungen, er ist über den Bach gesprungen, wir sind . . .«

BRÜHL: Ach, lassen Sie, Marianne! Haben Sie nicht zwei Tage Zeit gehabt, mich kennenzulernen? Und warum kommen Sie nicht zurück, leben hier mit den Kindern? Sie könnten einen anderen Namen annehmen, untertauchen, alle . . .

MARIANNE: Ich will nicht hierher zurück. (Leise) Ich will nicht: alle, die ich liebte, sind tot, und die ich nicht liebte, leben.

BRÜHL: Sind Sie dort gewesen, wo Sie einmal zu Hause waren?

MARIANNE: Nicht in der Stadt. Nur auf dem Friedhof. Ich bat Thomas, mich wenigstens den Friedhof sehen zu lassen.

BRÜHL: Nur den Friedhof?

MARIANNE: Nirgendwo erfahren Sie schneller und eindeutiger, wer noch lebt. Die Grabsteine, auf ihnen steht die Wahrheit in knappen Worten. Ulrich hieß mein Bruder, geboren 1926, gefallen 1945 – 19 Jahre alt; mehr brauchte ich nicht wissen. Und Mutter – und Hanna, meine Freundin – und meine Schwester, fünfunddreißig Jahre alt. Die Namen aller, die ich hätte wiedersehen mögen, waren in Stein gemeißelt oder mit schwarzer Farbe auf weiße Kreuze geschrieben. Holunder auf den Gräbern, Goldregen, Flieder – *(plötzlich mit veränderter Stimme)* Er kommt schon zurück.

BRÜHL: Heinrich? Allein?

MARIANNE: Ja, allein. Vielleicht hat er seine Frau ins Kino gebracht oder zu einer Versammlung . . .

BRÜHL: Keins der Kinder zu sehen?

MARIANNE: Nur der Älteste – wir wissen immer noch nicht seinen Namen. Ich habe Thomas gebeten, die Krämersfrau nach den Namen der Kinder zu fragen, aber er vergaß es.

BRÜHL: Was tut er?

MARIANNE: Er sprengt den Garten. Sein Vater tritt von hinten an ihn heran, legt ihm die linke Hand über die Schultern; der Qualm der Zigarette kräuselt sich geradenwegs hoch, wie der Rauch von Abels Opferfeuer. – Bald werden sie Kartoffeln ausmachen . . .

BRÜHL: Und der Junge wird mit einem Floß über das Baggerloch fahren, wie wir es damals kannten, als ich mit Heinrich befreundet war. Wir fuhren quer über das Baggerloch, auch wenn es regnete. Wir hatten Säcke über dem Kopf; sie rochen nach Erde, nach Kartoffeln, nach Zwiebeln. Dreißig Jahre: wie alt man geworden ist, sieht man in den Gesichtern derer, die man jung gekannt hat: Enttäuschungen, Müdigkeit. Ich werde Heinrich besuchen.

MARIANNE: Ja, tun Sie es.

BRÜHL: Vielleicht läßt er mich noch einmal den Garten sprengen. Ob es wirklich noch der alte Schlauch ist?

MARIANNE: Er ist schwarz, brüchig, an vielen Stellen geflickt. Aber ich weiß nicht, ob Gartenschläuche so lange halten. *(Leise und schnell)* Sie kommen nicht mit?

BRÜHL: Nein, es wäre . . . *(Tür auf und zu)*

KRÖNER: Es ist soweit, wir können gehen, und ich möchte nicht länger warten. Hören Sie, wollen Sie Geld? Vielleicht möchten Sie jemanden eine Freude machen?

BRÜHL: Nein, lassen Sie! Gehen Sie! *(Heftiger, da Kröner auf ihn zukommt)* Verstehen Sie nicht, es wäre verdächtig, wenn ich Geld hätte; man würde mir noch weniger glauben, daß ich nichts weiß.

KRÖNER: Also, adieu. Es tut mir leid, daß wir Sie länger hierhalten mußten, als vorgesehen war. Und folgendes, damit Sie die Stufen der Gefahr kennen: innerhalb der ersten drei Stunden sind wir sofort zu ergreifen, eine Stunde weiter schon schwieriger, nach sechs Stunden kaum noch, aber . . .

Brühl *(heftig)* : Gehen Sie, gehen Sie endlich!

Marianne: Auf Wiedersehen – und noch ist es Zeit.

Brühl: Nein – auf Wiedersehen!

(Schritte im Haus, eine Tür schlägt zu. Das Geräusch hin- und herfahrender Loren, des Baggers)

VI

(Im fahrenden Auto)

Druven: Nett, daß Sie mich riefen und einluden, mitzukommen. Haben Sie Hoffnung, ihn zu finden?

Kleffer: Nicht nur ihn; alle will ich finden. Es gibt so merkwürdige Zufälle. Entsinnen Sie sich der Postkarte aus Glasgow?

Druven: Ja. War das ein Hinweis?

Kleffer: Einer, den ich fast übersehen hätte. Glasgow. Ich warf die Karte zu den Akten, fuhr nach Hause, aber ich dachte immer nur Glasgow. Beim Essen, als ich einzuschlafen versuchte: Glasgow. Ich stand wieder auf, fuhr ins Amt zurück und fand schließlich die Akten des Mannes, an den die Karte aus Glasgow gerichtet war. Er war vor zwei Jahren aus England eingewandert, heimgekehrt eigentlich. Gab sich als ehemaliger Kriegsgefangener aus, der in England untergeschlüpft war, gab an, Arzt gewesen zu sein, aber seinen Beruf nicht mehr ausüben zu wollen. Irgend etwas an dem Burschen gefiel mir schon damals nicht: nichts Persönliches, er war sogar recht sympathisch. Aber ich glaubte so etwas wie Bigamie zu wittern, ließ in England nachforschen, und es kam heraus, daß er in keiner Liste irgendeines englischen Gefangenenlagers geführt war. Als ich ihn dann zur Rede stellte, gab er an, er sei von einem U-Boot desertiert, habe in England unter falschem Namen gelebt. Doch stimmte der Name, den er jetzt führte, nicht mit dem überein, den er als falschen Namen geführt zu haben angab. Schließlich fand sich in keiner der Listen von U-Boot-Besatzungen sein Name. Ich nahm ihn ins Kreuzverhör, um herauszubekommen, ob er zu jenem U-Boot gehört haben könnte, das 1944 geschlossen desertierte, von dem man nie mehr hörte. Kennen Sie die Geschichte?

Druven *(uninteressiert)* : Nein – werden wir bald am Ziel sein?

KLEFFER: Simrockstraße – drüben das Baggerloch – soviel ich weiß, liegt die Kanalsenke gleich hinter dem Baggerloch.

DRUVEN: Dort hoffen Sie ihn zu finden?

KLEFFER: Dort hat er zwei Jahre lang gewohnt – zwei Jahre lang in gewissen Abständen Karten bekommen aus Glasgow, New York, Buenos Aires. »Es geht mir gut, ich hoffe, dir auch. Habe manchmal Sehnsucht nach dir. Marianne!«
(Geräusch hin- und herfahrender Loren, des Baggers)

DRUVEN: Sie werden begreifen, daß mich die Geschichte dieses Mannes weniger interessiert als Brühl, Brühl – glauben Sie . . .?

KLEFFER: Ich bin jetzt sicher, daß die verschwundene U-Boot-Besatzung mit den Spurlosen identisch ist. Damals versuchte ich, Bilder der Besatzungsmitglieder zu bekommen, um zu vergleichen: vielleicht war er der Bordarzt. Aber alle unsere Nachforschungen blieben ergebnislos. Jedenfalls habe ich den Burschen fotografieren lassen, und die Spurlosen werden nicht mehr ganz so spurlos sein.

DRUVEN: Vielleicht beruht Ihre ganze Theorie auf einem Irrtum und wir werden den Herrn harmlos in seinem Garten finden.

KLEFFER: Merkwürdig nur, daß er sich damals um eine Stelle bei der Centralbank bewarb.

DRUVEN: Als Arzt?

KLEFFER: Nein, als Korrespondent für Englisch.

DRUVEN: Bekam er die Stelle?

KLEFFER: Ja – aber nach einem Jahr kündigte er, weil er eine bessere Stelle bekommen konnte.
(Auto nimmt eine Kurve)

DRUVEN: Hier ist die Kanalsenke. Ich kann nicht glauben, daß diese stille Vorstadtstraße, die als Sackgasse irgendwo im Vorgelände der Stadtbefestigung endet – daß hier Brühl gesteckt haben soll. *(Gleichgültig)* Welche Nummer sagten Sie?

KLEFFER: Nummer 19. Drehen Sie Ihre Hoffnung ein wenig auf, Herr Pfarrer. Langsam, sonst wird sie zu plötzlich hochkommen.

DRUVEN: Nummer 9, 11, 13 – ach, ich wundere mich, wie sicher Sie sind – 17. *(Auto hält an; beide draußen)*

DRUVEN: Soll ich klingeln?

KLEFFER: Ja, tun Sie es.
(Druven klingelt; man hört das Geräusch sehr leise)

DRUVEN: Krum – heißt er so, der, von dem Sie sprachen? *(Schritte im Haus)* Tatsächlich, da kommt jemand. *(Tür wird geöffnet)* Brühl! *(lacht)* Brühl, Sie leben und Sie – Aber wie merkwürdig: das Haus scheint leer zu sein. Hat man Sie nicht festgehalten? Sie bewegen sich frei?

BRÜHL: Vielleicht möchten Sie hereinkommen?

KLEFFER: Allerdings. – Übrigens dürften schon zwei meiner Beamten hier sein. *(Ruft)* Schwitzkowski! Kommen Sie herauf!

SCHWITZKOWSKI *(aus dem Keller)*: Ja – Augenblick.
(Alle gehen ins Haus, Flur, Diele, Zimmer)

SCHWITZKOWSKI: Seitdem wir hier versteckt sind, seit eineinhalb Stunden hat niemand das Haus verlassen.

KLEFFER: Wann haben die Verbrecher das Haus verlassen?

BRÜHL: Ich weiß nicht.

KLEFFER: Sie waren gefesselt?

BRÜHL: Nein.

KLEFFER: Betäubt?

BRÜHL: Nein.

KLEFFER: Sie waren frei, allein im Hause? Ohne jede Bedrohung?

BRÜHL: Nicht die ganze Zeit über – erst seitdem sie weg sind.

KLEFFER: Und seit wann sind sie weg?

BRÜHL: Ich weiß nicht. Ich hatte keine Uhr.

KLEFFER: Und warum sind Sie nicht gleich, nachdem Sie frei waren, hinaus und haben Alarm geschlagen?

BRÜHL: Ich konnte nicht.

DRUVEN: Brühl, sagen Sie mir, ob Sie irgend etwas mit dem Verbrechen zu tun hatten?

BRÜHL: Ich hatte nichts damit zu tun, nichts.

KLEFFER: Erst seit wenigen Stunden, wenigen Minuten vielleicht haben Sie damit zu tun. Wer verschweigt, was zur Aufklärung eines Verbrechens und zur Ergreifung der Täter führen könnte – der hat damit zu tun. Und Sie verschweigen etwas.

BRÜHL: Gehöre ich zur Polizei?

KLEFFER *(wütend)*: Nein – hat man Sie bedroht, Sie gefesselt, Sie gezwungen, zwei Tage hier zu verbringen?

BRÜHL: Ich war zu einer Sterbenden gerufen, zu einer – Frau. Und als sie zu genesen anfing, bin ich zu ihrem Trost hiergeblieben. Bis zu dem Augenblick, wo sie aufstehen und wegfahren konnte. Und ich habe dieser Frau etwas versprochen.

KLEFFER: Was versprochen?

BRÜHL: Zu schweigen.

KLEFFER: Sie wissen also, wann die Verbrecher gegangen sind? Sie wissen, wie sie aussahen, wissen möglicherweise, wohin sie gefahren sind, wo sie wohnen?

BRÜHL: Ich weiß, wann sie gefahren sind, weiß aber nicht, wo sie wohnen.

KLEFFER: Aber wie sie aussehen?

BRÜHL: Ja.

KLEFFER: Beschreiben Sie sie uns.

BRÜHL: Nein . . . lassen Sie mich.

KLEFFER: Sie wollen nicht?

BRÜHL: Ich will nicht.

KLEFFER: Kennen Sie den hier, auf diesem Foto?

BRÜHL: Nein.

KLEFFER: Dumm von Ihnen, ihn nicht zu kennen. Er hat nämlich hier gewohnt, und ich weiß, daß er sich Krum nannte – *(Zu Schwitzkowski)* Rasen Sie sofort los mit diesem Bild und sorgen Sie dafür, daß es sofort an alle Grenzstationen, an alle Flugplätze durchgegeben wird. *(Schwitzkowski ab)* Wären Sie denn ewig in diesem Haus geblieben und hätten auf uns gewartet?

BRÜHL: Nein – in einer Stunde wäre ich nach Hause gegangen.

KLEFFER: In einer Stunde? Warum gerade in einer Stunde?

BRÜHL: In einer Stunde wäre eine bestimmte Frist abgelaufen.

KLEFFER: Welche Frist?

BRÜHL: Eine bestimmte.

KLEFFER: Oh, Sie werden witzig, verstockt. Es tut mir leid, aber ich werde Sie unter diesen Umständen nicht nach Hause lassen, sondern Sie mitnehmen müssen.

BRÜHL: Nehmen Sie mich mit.

DRUVEN: Brühl, ein Versprechen, das man unter Zwang gab, ist kein Versprechen.

BRÜHL: Ich habe das Versprechen nicht unter Zwang gegeben.

DRUVEN: Aber in einer verteufelt gefährlichen Situation.

BRÜHL: Das Versprechen wurde mir ohne Drohung abgenommen, von jemand, der gar nicht in der Lage war, mir zu drohen. – Niemand dachte daran, mich zu fesseln, mich zu knebeln, damit die Frist garantiert erfüllt würde. Nun ist sie bald erfüllt.

KLEFFER: Dann werden Sie also sprechen?

BRÜHL: Nein.

KLEFFER *(wütend)*: Sie identifizieren sich also mit den Leuten, die 180 000 Mark gestohlen haben.

BRÜHL: Keineswegs. Ich habe ihnen sogar das Sündhafte ihres Verhaltens klarzumachen versucht.

KLEFFER: »Das Sündhafte ihres Verhaltens« – wissen Sie, daß die Burschen damit den vierten Einbruch dieser Art verübt haben?

BRÜHL: Nein, ich wußte es nicht.

KLEFFER: Aber diese Tatsache ändert auch nicht Ihre Einstellung zu der Bande?

BRÜHL: Nein. Ich habe ein Versprechen gegeben, jemandem, der mit dem Einbruch unmittelbar nichts zu tun hat.

KLEFFER: Der Frau?

BRÜHL: Ja.

KLEFFER *(bissig)*: Vielleicht liegt da das Geheimnis.

BRÜHL: Vielleicht, ja.

KLEFFER: War sie hübsch?

BRÜHL: Ja.

KLEFFER: Und konnte sie schön reden?

BRÜHL: Ja.

KLEFFER: Nun – das ist ein Grund zu schweigen. Sehen Sie nicht, daß ich Ihnen zu helfen versuche, Herr Kaplan? Ich will wissen, warum Sie schweigen. Weil Sie das Verbrechen rechtfertigen – oder weil Sie – nun: weil Sie verliebt sind?

BRÜHL: Ich bin nicht verliebt – also kann ich Ihnen auch dieses Motiv leider nicht liefern. Kann ich nach Hause?

KLEFFER: Nein.

DRUVEN: Warum nicht? Er wird Ihnen nicht weglaufen. Er ist kein Verbrecher.

KLEFFER: Weiß ich das so genau? Vielleicht haben sie ihn nur hiergelassen, um Zeit zu gewinnen – uns aufzuhalten? So wie man dem Wolf, der hinter dem Schlitten herrennt, manchmal Brocken zuwirft: einen Schuh, einen Mantel – um Zeit zu gewinnen? Was weiß ich, da er selbst das Motiv, das ich ihm unterschob, ablehnte. Warum läßt man Verbrecher ungeschoren, hindert mich, ihre Spur zu verfolgen? Warum?

BRÜHL: Darf ich einmal aus dem Fenster blicken?

KLEFFER: Meinetwegen, wenn Sie mir sagen, warum.

BRÜHL: Ich durfte es nie: ich wußte nur, daß im Hause gegenüber ein alter Schulkamerad von mir wohnte; sehen durfte ich ihn nie, aber sie – die Frau, sie beschrieb ihn mir, und ich erkannte ihn wieder aus ihrer Beschreibung, seine Frau, seine Kinder – das Baggerloch, den Gartenschlauch ... ich darf also ans Fenster gehen?

KLEFFER: Meinetwegen.

BRÜHL *(macht einige Schritte, zieht den Vorhang auf)*: Es hat sich
wenig verändert – fast nichts. Die Bäume sind sicher größer
geworden, aber damals kamen sie mir ebenso groß vor, wie
sie jetzt sind. Der Zaun ist geflickt, der Garten leer. Es ist fast
dunkel – die Kinder schlafen – nur der Schlauch ist liegenge-
blieben – wie eine Schlange liegt er im Gras. Gehen wir – ich
habe nichts mehr hier zu suchen.

(Schritte, Türen werden geschlossen, ein abfahrendes Auto)

VII

(Schritte durch einen Gang, Zellentür wird geöffnet und geschlossen)

BRÜHL: Hat man sie geschnappt?

PÖLZIG: Ist das Ihre erste Frage? Haben Sie mich nichts anderes
zu fragen, nichts zu berichten?

BRÜHL: Ich sitze hier, damit sie nicht geschnappt werden – oder
wenn Ihnen das Wort besser paßt, nicht gefunden werden –,
ich sehe in meiner Frage nichts Überraschendes.

PÖLZIG: Mich überrascht Ihre Frage dennoch; ein Priester, der
drei Wochen in Untersuchungshaft sitzt, den auch der Ein-
spruch seiner Freunde, die Garantie seiner Behörde nicht hat
befreien können – ein Priester, der die Öffentlichkeit nicht
nur beschäftigt, sondern beunruhigt –, dessen erste Frage ist:
haben sie sie geschnappt? Schon der Jargon gefällt mir nicht,
Brühl.

BRÜHL: Wahrscheinlich mißverstehen Sie mich, meine Frage
bedeutet nichts anderes, als daß ich wissen möchte, ob . . . ob
meine Haft nicht überflüssig ist.

PÖLZIG: Sie meinen, Sie würden reden, wenn man sie – gefunden
hätte?

BRÜHL: Natürlich – dann hätte mein Schweigen keinen Sinn
mehr, und ich könnte aus der Haft heraus. *(Leise)* Es gefällt
mir nicht hier, keineswegs.

PÖLZIG: Sie enttäuschen mich: ich dachte, Ihr Schweigen habe
mehr grundsätzliche als taktische Gründe. Übrigens: falls
man sie gefunden hätte, würde man nicht von Ihnen zu erfahren versuchen, was man inzwischen schon wüßte. Aber mir
scheint, Sie verkennen den ganzen Fall. Es geht um *Sie* –
(Schweigen, dann Pölzig weiter) Es geht weniger um das, was man

von Ihnen zu erfahren hofft, als um *Ihr* Vergehen. Verstehen Sie?

BRÜHL: Jetzt verstehe ich. Es war mir bisher nicht klar. Sie glauben, daß ich weniger der wichtige Zeuge als der Täter bin?

PÖLZIG: Ich glaube es nicht nur, ich weiß es. Es geht immer noch um Ihr Motiv, das Motiv Ihres Schweigens.

BRÜHL: Ist das nicht klar?

PÖLZIG: Ist es nicht klar, daß jeder Staatsbürger die Pflicht hat, bei der Aufklärung eines Verbrechens mitzuhelfen?

BRÜHL: Auch Christus war ein Verbrecher.

PÖLZIG: Enttäuschen Sie mich nicht, bitte. – Ich habe Ihre Gründe bisher als private geachtet, aber machen Sie keine Philosophie daraus. Versuchen Sie nicht, theoretisch zu rechtfertigen, was nur privat zu rechtfertigen ist. *(Plötzlich leise)* Hören Sie, sagen Sie mir, warum schweigen Sie?

BRÜHL: Ich käme mir wie ein Verräter vor, wenn ich nicht schwiege.

PÖLZIG: Verräter an wem? An Räubern?

BRÜHL: Man kann auch an Räubern zum Verräter werden. *(Eindringlicher)* Aber bitte, sagen Sie mir, ob Sie etwas wissen – ob man sie gefunden hat.

PÖLZIG: Man hat nichts gefunden, keine Spur von den Spurlosen – nur Sie wissen, wo sie sind.

BRÜHL: Sie täuschen sich: ich weiß nicht, wo sie sind. Und doch weiß ich, wie sie dort leben. Ich weiß es – ich sehe es vor mir: jemand schreibt auf den Strand $3 + 3 + 7 = 13$ – schreibt: Bevor die Sonne untergeht – – schreibt: Ich glaube an Gott, den allmächtigen Vater, Schöpfer des Himmels und der Erde – und alles löscht die Flut wieder aus, der Strand ist blank und glatt wie die frische Wachstafel, die man Zacharias in das Heiligtum reichte, damit er den Namen seines Sohnes daraufschrieb . . . Kinder spielen dort, lernen, Frauen leben –. Soll ich das alles verraten?

PÖLZIG: Dieses kleine Paradies, das Sie beschreiben, es beruht auf Diebstahl, auf Raub, Einbruch.

BRÜHL *(leise, fast müde)*: Alle Paradiese beruhen auf Raub, Diebstahl, Einbruch – – Zwingen Sie mich nicht, meine schlechte Philosophie auszugraben. Sie sind also noch nicht gefunden worden?

PÖLZIG: Nein.

BRÜHL: Dann wird man sie auch nicht finden.

PÖLZIG: Und Sie werden weiter schweigen . . .

BRÜHL: Ich werde weiter schweigen.

PÖLZIG: Und es ist Ihnen klar, daß Sie des Schutzes, den Ihre Würde, daß Sie der Garantie, die Ihre Vorgesetzten Ihnen bieten könnten, verlustig gehen – daß Sie sich außerhalb des Gesetzes stellen?

BRÜHL: Es ist mir klar, und ich fühle keine Bitterkeit darüber.

PÖLZIG: Keine?

BRÜHL: Nicht die geringste – wie lange wird man mich einsperren?

PÖLZIG *(seufzt)*: Das wird davon abhängen, ob Sie das Motiv Ihres Schweigens werden glaubhaft darstellen können. Ein Jahr, vielleicht zwei, vielleicht auch weniger als ein Jahr. Ich fürchte, die Strafe wird hart sein, weil man von Ihnen mehr Verantwortungsgefühl erwartet.

BRÜHL: Wenn ich anfangen würde, mein Motiv zu erläutern, zu schildern, was ich schildern müßte, würde ich den Kriminalisten schon das liefern, was sie Spuren nennen –

PÖLZIG: Sie werden also schweigen?

BRÜHL: Ja. Ist Pfarrer Druven nicht gekommen?

PÖLZIG: Nein.

BRÜHL: Warum nicht?

PÖLZIG: Ich – wir – es kam uns darauf an, Ihnen nicht gerade jemanden zu schicken, der Sie bestärken würde.

BRÜHL *(lacht)*: Er würde mich also bestärken; nun haben Sie sich verraten.

PÖLZIG: Triumphieren Sie nicht, ich habe Ihnen nur verraten, was ich verraten wollte . . . Ich wünsche Ihnen Glück – und Stärke.

BRÜHL: Stärke – wozu? Habe ich nicht drei Wochen geschwiegen? Beharrlich und ohne Zweifel?

PÖLZIG: Sie wissen nicht, was Sie angefangen haben, wissen nicht, worauf Sie sich einlassen. Sie sind wie ein Kind, das die Spielkameraden vor Strafe zu schützen versucht.

(Zellentür wird geöffnet und geschlossen)

KLEFFER: Glasgow – Buenos Aires – New York – immerhin haben wir dieses Dreieck, in dem wir ein Gesicht suchen können.

BRÜHL: Ein großes Dreieck, mit einer riesigen Grundlinie und langen, langen Schenkeln – ein Dreieck voller Wasser.

KLEFFER: Und ein kleiner, verstockter Kaplan, der Hunderten von biederen Polizisten eine Menge Arbeit ersparen könnte – und sich ein, zwei, drei Jahre Gefängnis. *(Leiser)* Finden werden wir sie, Brühl, wir werden sie finden – Ihr Schweigen, Ihr Stolz, Ihre Brüderlichkeit werden verschwendet sein – weggeworfene Zeit, Mißtrauen, das Sie sich hätten ersparen können – Verwirrung gesät – und die Ungnade der Oberen. Weswegen, Brühl, weswegen?

BRÜHL: Vielleicht bin ich nur das, was Sie sagten: ein Schuh, ein Mantel – ein alter Rock, den man dem Wolf zuwirft, der hinter dem Schlitten herrennt; nur ein Mittel, Zeit zu gewinnen.

PÖLZIG: Die, für die Sie sich verschwenden, gehen fischen, angeln.

BRÜHL: Und schreiben Schulaufgaben in den Sand. Und eine Frau, die Religionsunterricht gibt, schreibt »Siebtes Gebot. Du sollst nicht stehlen« – und man überlegt gemeinsam, was man der Heiligenstatue in die Hand geben soll: ein Kind, einen Apfel, einen Totenkopf oder ein Kreuz.

KLEFFER: Welcher Heiligenstatue?

BRÜHL *(lacht)*: Fragen Sie nicht: Sie haben Ihr Dreieck, und ein Foto.

KLEFFER: Sie schweigen also?

BRÜHL: Ich schweige.

(Zellentür wird geöffnet, geschlossen, Schritte entfernen sich)

Klopfzeichen [1960]

Personen

Ein Mann, etwa 45 Jahre alt
Seine Frau, Mitte Dreißig
Ein Priester
Julius
Ein Richter

MANN: Manchmal erwache ich mitten in der Nacht und warte auf die Klopfzeichen. *(Klopfen gegen die Wand: dreimal – sechsmal – viermal – einmal)* Wenn die Zeichen nicht kommen, denke ich an die Nacht, in der sie zum erstenmal ausblieben. Es war die Nacht, in der sie Julius durch den Flur führten, um ihn im Hof zu erschießen. Ich hörte seinen Schrei, das dumpfe Trommeln gegen die Zellentüren, unseren letzten Gruß an ihn. *(Schrei; dumpfes Getrommel gegen Metalltüren, erst leise, dann zu einem Dröhnen anschwellend)* Julius starb ohne Priester, ohne Sakramente – und er hatte so heftig nach den Sakramenten verlangt. Ich war Taufzeuge, als Julius im Duschraum des Zuchthauses getauft wurde. Ich deckte mit meinem Rücken den Priester. Julius wurde vom breiten Rücken eines Einbrechers gedeckt, während der Priester hastig die Worte sprach.

PRIESTER: Ich taufe dich im Namen des Vaters, des Sohnes und des Heiligen Geistes.

MANN: Julius lag in der Zelle rechts von meiner, der Priester in der Zelle links von meiner, und ich mußte Julius' Klopfzeichen an den Priester, die des Priesters an Julius weitergeben. Fragen von Julius, Antworten des Priesters, Fragen des Priesters, Antworten von Julius. Es waren dieselben Antworten, dieselben Fragen, die ich heute nachmittag wieder hörte, als die Kinder in der Pfarrkirche für die Erstkommunionfeier probten.

(Unregelmäßiges Klopfen, dann)

PRIESTER: Widersagst du dem Teufel?

(Klopfen)

JULIUS: Ich widersage.

MANN: Oft ging es halbe Stunden lang so, dann Stunden, ich ermüdete, schlief ein, wurde erst wieder wach, wenn Julius oder der Priester besonders heftig klopften.

(Trommeln von Fäusten gegen eine Wand, erst heftig, dann leise)

MANN: Das ist nur meine Frau. Sie klopft den Teig, Mürbeteig für den Kuchen, den wir morgen essen werden. Das sind die Wände meiner Wohnung, das sind die Schränke, ich öffne sie, schließe sie wieder *(Schritte)*, ich gehe in das Zimmer hinüber, wo unsere beiden Kinder schlafen: wer kann dem Anblick eines schlafenden Kindes widerstehen? Wahrscheinlich träume ich. Diese Wohnung ist nicht wahr, die Wände sind aus Traum, die Kinder Täuschungen. *(Klopfen vom Nebenzimmer)* Klopft da Julius oder der Priester – oder ist es meine Frau, die den Teig klopft? Morgen feiern wir die Erstkommunion unserer Ältesten. Julius erlebte seine Erstkommunion nicht mehr. Nächte hindurch klang das Klopfen an mein Ohr. *(Klopfzeichen, rasch, langsamer, wieder rasch)* Julius trommelte, der Priester trommelte zurück: das Glaubensbekenntnis, das Vaterunser. An einem der letzten Abende klopfte der Priester: Deine Sünden sind dir vergeben. Ich gab es weiter. Wunde Knöchel hatte ich – sie schmierten mir im Revier ihre Einheitssalbe drauf.

(Schritte, kleine Pause, eine Tür wird geöffnet)

Das ist das Badezimmer. Da liegt die Seife, da die Zahnpasta, die Zahnbürsten stehen ordentlich in ihren Gläsern: vier sind's – eine blaue, eine rote, eine gelbe, eine grüne; die grüne, das ist meine. Ich bin zu Hause: dort hängt mein Bademantel, an dem Nagel, den ich vor fünfzehn Jahren eigenhändig in die Wand schlug. Es ist derselbe Nagel, derselbe Bademantel. Nicht einmal der Spiegel an der Wand wurde während des Krieges zerstört. Dort liegt die Zelluloidente, mit der die Kinder in der Badewanne spielen, und da das Schiff, das sie aus Zigarrenkisten gezimmert haben. In der Badewanne steht der Wein, den wir morgen trinken werden. Morgen früh wird die Eisbombe noch gebracht, und ich darf nicht vergessen, die Ananasbüchsen zu öffnen; meine Frau hat mich darum gebeten; solange wir verheiratet sind, ist sie noch nie mit einem Büchsenöffner fertig geworden.

(Tür wird geschlossen, Schritte, dann Stille, Klopfzeichen nah und heftig)

PRIESTER: Julius, glaubst du an Gott, den allmächtigen Vater, Schöpfer des Himmels und der Erde?

(Kurzes Klopfen)

JULIUS: Ich glaube.

MANN: Der Priester war rothaarig und klein; mit seinem kahlgeschorenen Schädel in der Gefängniskleidung sah er wie ein Mörder aus; wir sahen alle wie Mörder aus. Ich hatte niemanden ermordet. Ich hatte einem Polen, der an unserem Haus vorüberkam, ein Stück Brot und ein paar Zigaretten gegeben. Das sah ein Nachbar, der sich des Gesetzes entsann, das solche Handlungen verbot. Der Nachbar war ein gesetzestreuer Mann – er ist es noch heute. Seine Anzeige brachte mir ein Jahr Gefängnis ein; nach der Urteilsverlesung sagte der Richter:

RICHTER: Angesichts der außergewöhnlich milden Bestrafung wird dem Angeklagten nahegelegt, auf sein Einspruchsrecht zu verzichten.

MANN: Ich verzichtete auf mein Einspruchsrecht.
(Klirren von zerbrochenem Porzellan, eine Tür wird geöffnet, Schritte)

MANN: Mehl? Dir ist der Mehltopf gefallen?

FRAU: Verzeih, ich bin so nervös. Es ist eben doch viel Arbeit, auch wenn wir wenige Leute eingeladen haben.

MANN *(leise)*: Julius wurde wegen eines halben Löffels Mehl hingerichtet. Ich kann nicht ansehen, wie Mehl verschüttet, verschwendet wird . . . ich – verzeih . . .

FRAU: Verzeih – sieh – du mußt verstehen . . .

MANN: Wenn ich nur den weißen Staub sehe über den Lastwagen, die das Mehl aus den Mühlen in die Bäckereien bringen – dann denke ich, daß es ein Vielfaches von dem ist, um dessentwillen Julius sterben mußte.

FRAU: Ich konnte nichts dazu.

MANN: Der Mehlstaub auf dem Gesicht des Bäckers, auf seiner Mütze, in seinen Haaren. Das Mehl, das er abends von seinem Kittel schüttelt, es ist die gleiche Menge, für die Julius . . .

FRAU: Daß es mir gerade heute passieren mußte.

MANN: Gut, daß es heute geschehen ist. Laß das Mehl nur liegen, ich werde es auffegen. Bist du denn mit allem fertig?

FRAU: Ja. Das Fleisch ist angebraten, die Kuchen sind gut geraten. Sieh mal, wie schön gelb sie sind. Rote und grüne Früchte darauf, und die Sahne ist so weiß wie frischgefallener Schnee. Die Kinder schlafen schon, und es ist nicht einmal sehr spät geworden. Gerade neun. Wir werden morgen ausgeschlafen sein. Ich sollte froh sein – sogar der Kaffee ist schon gemahlen, die Kleider sind bereit, und morgen kommt Hilde; die wird mir helfen.

MANN: Aber du bist nicht froh?

FRAU: Ich sehe, wie du das Mehl betrachtest. Ich konnte nichts dafür. Kannst du es nicht vergessen? Du solltest versuchen, es zu vergessen. Schon seit einer Stunde hör' ich, wie du umhergehst, murmelst – ich habe Angst, du bist gar nicht hier.

MANN: Man kann in die Zeit fallen, wie in ein Loch; da ist alles gegenwärtig, vergangen und zukünftig – und du weißt nicht, ob das Vergangene Gegenwart oder das Gegenwärtige Zukunft ist. Es ist eins. Ich sitze in der Zelle und warte auf die Klopfzeichen *(klopft mit dem Knöchel gegen die Tür: zweimal – fünfmal – viermal – einmal)*.

FRAU: Deine Knöchel sind ja ganz wund. Soll ich dir Salbe drauf tun?

Mann: Ja, bitte, *(ein Schrank wird geöffnet, geschlossen)* ja, das ist gute Salbe – weißt du, was dieses Klopfzeichen bedeutete? Mehl. Wenn dieses Zeichen durchkam, war es Julius gelungen, Mehl zu besorgen. Einen halben Eßlöffel voll. Aber bevor wir kommunizieren konnten, mußte noch viel besorgt werden. Wein mußte in die Zelle des Priesters geschmuggelt werden. Wir bekamen ihn aus dem Revier, in einer Flasche, auf der »Hustensaft« stand. Ein Bügeleisen mußte her, und es mußte erhitzt werden. Mit dem erhitzten Bügeleisen buk Julius die Hostien. Sie waren nie ganz weiß, schimmerten ein wenig bräunlich wie die Oberfläche des Bügeleisens, und sie waren so klein wie Pfennige. Zwanzig gab es aus einem halben Löffel Mehl. Dann erst konnte der Priester in seiner Zelle die Messe feiern, konsekrieren, und ich denke an die Messen, an denen ich nie teilgenommen habe, wie an etwas besonders Kostbares.

Frau: Die, an denen du teilnehmen kannst, jetzt, hier, morgen – sie sind nicht weniger kostbar. Diese Welt war die falsche, die fremde, unsere hier ist die richtige. Hier gibt es Hostienbäckereien, und es braucht kein Mensch wegen eines halben Löffels Mehl zu sterben.

Mann: Die kleinen Hostien, die der Priester nachts konsekriert hatte, wurden in winzige Briefchen aus Zeitungspapier gesteckt und morgens beim Rundgang denen, die danach verlangten, zugesteckt wie Kassiber. Meine erste bekam ich aus der Hand eines Mörders, der vor mir herging.

Frau: Warum mußt du immer an diese schrecklichen Dinge denken?

Mann: Weil ich sie nicht schrecklich finde, und sie auch damals nicht schrecklich fand. Es war so selbstverständlich. *(Macht ein paar Schritte, öffnet ein Fenster)* An diesem Gartentor unten stand der Pole, dem ich das Brot gab – entsinnst du dich seiner? Ist es *wahr*, daß ich ihm Brot gegeben habe?

Frau: Ja, du hast es ihm gegeben. Ich sehe ihn: klein und blond, fast noch ein Kind. Es war Abend, die Laternen leuchteten nicht, weil Krieg war. Er sagte nichts, streckte nur stumm die Hände zu unserem Küchenfenster hin aus, und du gingst nach draußen und gabst ihm Brot und Zigaretten. Ich vergesse nicht, wie er dastand und stumm die Hände ausstreckte . . .

Mann: Ja, und ich kam mir ziemlich edel vor, weil ich deswegen verurteilt worden war; nicht eines Mordes, eines Einbruchs wegen. Den kleinen Kassiber aus Zeitungspapier aber gab mir ein Mörder.

FRAU: Warum hat er das getan?

MANN: Ich weiß nicht, warum. Er hat es getan. Er glaubte weder an Gott, Kirche, Priester oder Sakrament. Er gab mir nur den Kassiber, der die winzige Hostie enthielt.

FRAU: Wußte er, was er dir gab?

MANN: Er wußte, was wir davon glaubten, und er wußte, daß er diese *mir* zu geben hatte und keinem anderen, und er hätte sie nie einem anderen gegeben.

FRAU: Und er hatte wirklich einen Menschen getötet?

MANN: Er hatte es vor Gericht zugegeben. Als er hingerichtet wurde, trommelten wir auch ihm das Geleit. *(Trommeln von Fäusten gegen Metalltüren – steigert sich zu einem Dröhnen)* Der letzte Gruß. Ich weiß nur, daß er Walter hieß und kleine zarte Hände hatte. Später war ein anderer mein Vordermann beim Rundgang. Ich bekam meinen Kassiber aus den Händen eines Einbrechers. Er war groß und plump, seine Hände waren schwer wie Tatzen. Er heißt Kurt. Er ist der einzige, den ich hin und wieder treffe.

FRAU: Was macht er jetzt?

MANN *(lacht)*: Ich frage ihn nicht danach. Wenn wir uns treffen, bleiben wir beieinander stehen, lächeln, sprechen kein Wort miteinander – wenn wir auseinandergehen, kommt mir alles, was war, wie ein Spuk vor, und was ist, kommt mir nicht weniger spukhaft vor. Die weiße Hostie, die mir morgen der Priester in den Mund legt, sie ist dieselbe Substanz wie die, die ich aus den kleinen zarten Händen des Mörders Walter, aus den plumpen des Einbrechers Kurt empfing. Wenn ich Kurt treffe, muß ich immer seine Hände betrachten . . .

FRAU: Und ich werde manchmal in der Nacht wach und höre, wie du im Traum Zeichen gegen die Wand klopfst.

MANN: Der Rhythmus, den Julius und der Priester mir aufzwangen, sitzt mir noch in den Muskeln. Oft habe ich die beiden verflucht, weil ich so müde war. Die beiden schienen nie müde zu sein. Ich weiß noch, wie sehr ich erschrak, als ich eines Morgens sehr früh nur die beiden kleinen Worte annahm und weitergab. *(Ein kurzes, ein langes, ein kurzes Klopfsignal)*

FRAU: Was bedeutet das?

MANN *(langsam)*: Ich glaube.

FRAU: Und warum bist du darüber erschrocken gewesen?

MANN: Ich weiß nicht, warum. Ich erschrak. Es war so einfach, so eindeutig und überzeugte mich, wie mich noch nie ein Bekenntnis überzeugt hat. Du weißt, daß ich Julius niemals gesehen habe. Er arbeitete in der Küche und besorgte das Mehl, buk die Hostien für uns, lange bevor er selbst danach verlangte. Wir erfuhren auch nie, wer ihn verraten hat. Er wurde plötzlich untersucht, und als wir morgens zum Spaziergang geführt wurden, lagen die Hostien, die man ihm abgenommen hatte, noch auf der Erde, bräunlich weiße Scheibchen, kleiner als Pfennigstücke, zertreten, fast schon wieder zu Mehl geworden. Es waren die Hostien, von denen eine für Julius bestimmt war – er hat sie nie bekommen, und wir bekamen ein halbes Jahr lang keine. Erst als der Kommandant abgelöst wurde. Danach wurde die Messe wieder in der Gefängniskapelle gefeiert – und der frühere Kommandant wurde bestraft, weil er die Meßfeier und die religiöse Betreuung der Häftlinge unterbunden hatte.

FRAU: Er wurde bestraft?

MANN *(lacht)*: Natürlich. Er hatte etwas Ungesetzliches getan.

FRAU: Warum lachst du?

MANN: Kurt verachtete uns, weil wir jetzt unter dem Schutze des Gesetzes bekamen, was vorher verboten gewesen war . . . und wenn ich später in der Kapelle saß und an Walter dachte, kam ich mir ein bißchen schäbig vor. Er hatte viel riskiert, wenn er mir den Kassiber gab – was hätte er denken müssen, wenn er gesehen hätte, wie wir jetzt, ohne das geringste Risiko, dasselbe unter den Augen der Wärter bekamen?

FRAU: Für ihn wäre es nicht dasselbe gewesen – aber es ist dasselbe.

MANN: Ja. Und du wunderst dich, wenn ich nachts im Traum gegen die Wand trommle? Geleit für Walter, letzter Gruß für Julius? Du wunderst dich, wenn ich wach liege und auf die Klopfzeichen warte – oder erschrecke, wenn ich verschüttetes Mehl sehe? Sogar das wenige, das wie feiner Puder auf den Wimpern des Bäckerjungen liegt, der morgens die Brötchen an unsere Tür stellt – das wenige, das über seinen Kragen, seine Rockärmel verstreut ist. Mehr noch als durch die Worte des Priesters wird es für mich durch Julius' Klopfzeichen *(kurzes, langes, kurzes Klopfen)* »Ich glaube« zu der winzigen Hostie, nach der Julius so heftig verlangte und die er nie bekam: ein Erstkommunikant, der so getreulich sein Glaubensbekenntnis gegen die Wand klopfte. Ich gab es weiter, eine lange Litanei aus kurzen und langen Klopfzeichen.

(Längeres Klopfen kurzer und langer Zeichen in wechselnder Reihenfolge)

JULIUS: ... gestorben und begraben, am dritten Tage wieder auferstanden von den Toten.

FRAU: Ich habe oft Angst, weil es mir so erscheint, als stündest du – stündest *neben* unserer Welt. Du klopfst gegen Wände, die nicht zu unserer Welt gehören, gibst Signale an Menschen weiter, die ich nicht kenne, und ich fürchte, daß du nie ganz in unsere Welt zurückkehrst.

MANN: Und ich habe oft Angst, die Tür zu berühren, die Wände, die Schränke – weil ich fürchte, sie könnten unter meiner Berührung in Staub zerfallen – wie Skelette, die Jahrzehnte in einer Gruft gelegen haben, bei der geringsten Berührung in Staub zerfallen.

(Heftiges Klopfen auf den Tisch, an die Tür, gegen die Wand)

FRAU: Aber du siehst doch, daß es hält. *(Lacht)* Hörst du? *(Klopft gegen die Tür)* Hörst du nicht, daß es standhält?

MANN: Ich bewundere deinen Mut.

FRAU: Komm, überzeug dich davon, daß die Dinge, die uns umgeben, nicht zu Staub zerfallen. Nimm die Flasche Wein da, öffne sie. *(Eine Flasche Wein wird geöffnet – es wird eingegossen)* Trinken wir auf Julius, wenn du auf ihn trinken magst. Magst du?

MANN: Ja, ich mag – und ich trinke auf unsere kleine Tochter, die morgen zum erstenmal empfangen soll, was Julius nie bekam: die kleine weiße Hostie. *(Kleine Pause)* Ich werde die Ananasbüchsen öffnen, den Kuchen essen, den Braten, die Sahne, die so weiß ist wie frischgefallener Schnee – ich werde in dieser Welt weiterleben, die ich vorfand, wie ich sie verließ. Unser Haus hat die Nummer 87. Der Hausschlüssel paßte noch, als ich aus dem Gefängnis kam. Meine grüne Zahnbürste steht neben deiner gelben im Glas auf dem Bord – zwei neue Zahnbürsten sind inzwischen hinzugekommen: eine blaue und eine rote. Unsere Kinder, ich sehe sie atmen, wenn ich an ihrem Bett stehe. Leben erfüllt sie bis in die letzte Fiber ihres atmenden Fleisches hinein. Wer könnte dem Anblick eines im Schlaf atmenden Kindes widerstehen? Das Erstkommunionkleid hängt über dem Bügel; es ist schneeweiß; morgen früh wird es mit einem frischen grünen Zweig geschmückt – und ist nicht doch auch über unsere Kinder der Spruch gesprochen, der über uns alle gesprochen ist?

PRIESTER: Memento, quia pulvis es et in pulverem reverteris.

Bedenke, daß du aus Staub gemacht bist und wieder zu Staub werden wirst.

MANN: Ist er über sie gesprochen?

FRAU: Ja – er ist über sie gesprochen – aber auch der andere.

PRIESTER: Wer an mich glaubt, wird leben, auch wenn er gestorben ist.

MANN: Oft, wenn ich den Hausschlüssel ins Schloß stecke, habe ich Angst, das Haus könnte zu Staub zerfallen, und ich könnte allein mit meinem Schlüssel in der Hand vor einer Welt stehen, zu der man keinen Schlüssel braucht. Die Welt, in der ich Julius, den ich nie sah, endlich zu sehen hoffe. Er war des Landesverrats angeklagt. Hoffentlich hat er ihn wirklich begangen; es könnte ihn, als er starb, getröstet haben – wenn es ihn nicht getröstet hat, wegen eines halben Löffels Mehl zu sterben. Ich höre das kurze Klopfsignal. *(Kurz, lang, kurz)*

JULIUS: Ich glaube.

MANN: Und das längere. *(Mehrere Klopfzeichen)*

JULIUS: Wann gibst du mir das Brot, das lebendig erhält?

PRIESTER: Morgen.

MANN: Morgen. Zukunft. Mehr Hoffnung, als Vergangenheit und Gegenwart rechtfertigen. Eine Welt ohne Wände, ohne Zellen; keine Klopfzeichen mehr – nicht Angst und Gewalt. Eine Welt, in der nichts mehr zu Staub werden wird. Hab keine Angst: ich weiß, welch kostbare Substanz sich in dieser kleinen weißen Scheibe Brot verbirgt, vielleicht weiß ich es nur deshalb, weil Julius so heftig danach verlangte. Ich war nur der Resonanzboden für die Klopfzeichen, die ich annahm und weitergab: Ich glaube. Wann gibst du mir das Brot, das lebendig erhält?

PRIESTER: Morgen.

MANN: Dieses Morgen gab es für Julius nicht mehr. Fürchte dich nicht, wenn ich hin und wieder an die Wände dieser Welt klopfe, um mich ihres Vorhandenseins zu versichern – und um Signale zu geben, die vielleicht in einer anderen Welt gehört werden: von einem Landesverräter, der Julius, von einem Mörder, der Walter hieß. *(Leises, hohlklingendes Klopfen, das sich langsam verliert)* Noch kann ich mich nicht trennen von dieser Welt, die aus Staub gemacht ist; es ist noch Wein in der Flasche, die nie Hustensaft enthalten hat; es stehen Bücher im Schrank, Zahnbürsten im Glas, frischgebackene Kuchen auf dem hölzernen Rost; die Laterne steht vor der Tür; der Nachbar ist immer noch gesetzestreu, der Richter immer noch gerecht; ich weiß immer noch nicht, was Kurt mit seinen plumpen Händen anstellt; es wird nicht mehr bestraft, wenn man jemandem Brot oder Zigaretten schenkt, und wenn ich den Schlüssel in die Haustür stecke, stehe ich nicht vor einer Staubwolke, die sich langsam verflüchtigt; nur, wenn ich Gebete höre, Litaneien, Liturgie, höre ich es nicht so, wie es gesprochen wird, wie meine kleine Tochter es morgen sprechen wird, sondern wie ich es von Julius hörte.

(Klopfzeichen – leise, dann laut, wieder leise, in wechselndem Rhythmus – langsam ausblenden)

Sprechanlage [1962]

Personen

Franz Rehbach, Ende Vierzig
Marianne Rehbach, seine Frau, Anfang Vierzig
Franz Rehbach, der Sohn, etwa sechzehn Jahre alt
Robert Köhler, Ende Vierzig

Anmerkung:
Der Dialog muß (bis auf die Szenen, in denen Rehbach mit seinem Sohn oder seiner Frau spricht) ganz von den technischen
Möglichkeiten, Veränderungen, evtl. auch Störungen, die sich
beim Gespräch durch eine Sprechanlage ergeben, »getönt« sein,
und etwas Irreales bekommen, gegen das die in normaler Aku-
stik spielenden Szenen etwas Flaches bekommen sollten.

I

(Man hört ein Klingelzeichen: einmal, zweimal, nicht zu laut)

REHBACH: Du hast doch gesagt, daß ich nicht zu Hause bin.

FRANZ: Ja, ich habs ihm gesagt.

(Kurze Pause)

REHBACH *(seufzt)*: Er scheint sich zu verziehen, Gott sei Dank
– – Hier, Franz, da habe ich dir eine besonders hübsche Marke
mitgebracht; eine spanische; da ist Philipp der Zweite; wie
schön der goldene Grund ist – – und drauf dieser schwarze,
feierliche König. Du weißt doch, wer Philipp der Zweite war
und welche Bedeutung er gehabt hat?

FRANZ: Ja, Vater – – eine schöne Marke.

REHBACH: Und hier habe ich noch eine sehr schöne Marke: eine
aus der Schweiz, mit einem Edelstein – – erkennst du den
Stein?

FRANZ: Ja, das ist ein Topas, Vater – – schön . . .

REHBACH: Die Struktur des Steins! Herrlich. Das ist eine ganze
Serie, ich werde sehen, ob *(es klingelt wieder, einmal, sehr schüchtern)* – – offenbar ein zäher Patron; es gibt einfach Leute, die
nicht wissen, daß man auch einmal Ruhe braucht *(ärgerlich)*
einfach nicht begreifen *(die Klingel, einmal)*

FRANZ: Soll ich gehen?

REHBACH: Ja, geh und sag, ich bin nicht zu Hause – – aber sei
etwas energischer.

FRANZ *(geht, läßt die Tür offen, man hört ihn in einiger Entfernung – in
der Diele – in die Sprechanlage sagen)*: Ich habe Ihnen doch schon
gesagt, daß mein Vater nicht zu Hause ist. *(Unverständliches
Gemurmel aus der Sprechanlage. Franz unsicher)* Er ist nicht zu
sprechen. *(Gemurmel aus der Anlage)* Gut . . . ich will sehen.
(Franz kommt zurück, spricht von der Tür aus) Ich habe ihm
gesagt . . .

REHBACH *(flüsternd)*: Hast du das Ding abgestellt?

FRANZ: Ja – – er sagt . . .

REHBACH *(wütend)*: Du bist einfach nicht energisch genug gewesen. Erst sagst du: er ist nicht zu Hause, dann sagst du: er
ist nicht zu sprechen. Man hört ja deiner Stimme schon an,
daß du lügst. Nimm dich zusammen, sprich energisch und
sicher.

FRANZ: Er sagt, wenn ich dir seinen Namen nenne, wirst du zu
Hause sein.

REHBACH: Seinen Namen?

FRANZ: Er sagt, er heißt Robert.

REHBACH *(erregt)*: Robert – – Robert – – und den Nachnamen?

FRANZ: Den hat er nicht genannt, er sagt, es genügt, wenn ich sage, Robert sei da und wolle dich sprechen.

REHBACH *(leise)*: Robert – – es kann doch nicht Robert Köhler sein, Robert Köhler ist doch *(er steht auf, geht rasch in den Flur, spricht mit Angst in der Stimme in die Sprechanlage)*

II

REHBACH: Wer sind Sie?

KÖHLER *(lacht)*: Ich bin Robert.

REHBACH: Robert Köhler?

KÖHLER *(lacht)*: Ich weiß nicht, wieviel Roberte du kennst und ob meine Stimme . . .

REHBACH *(erregt)*: Robert, du mußt sofort heraufkommen – – du mußt, – – nein, ich komme runter. Wo hast du denn die ganze Zeit über gesteckt, Robert – – ich komme . . .

KÖHLER *(mit kalter Stimme)*: Wenn du runterkommst, geh ich weg. Bleib oben!

REHBACH *(verwirrt)*: Gut, aber dann komm rauf.

KÖHLER *(milder)*: Ich komme nicht rauf. Ich will dich nicht sehen, nur mit dir sprechen.

REHBACH: Warum willst du mich nicht sehen?

KÖHLER *(lacht)*: Ich will nicht das Gesicht wiedersehen, das ich zuletzt vor siebzehn Jahren   gesehen habe . . .

REHBACH: Aber . . . Robert . . .

KÖHLER: Laß mich, ich will nicht; hören ist schon schlimm genug, aber sehen. *(Lacht)*

REHBACH: Ich weiß nicht, was ich dir angetan haben könnte; wie du mit mir sprichst. Ich bin so froh, daß du wieder da bist – – wir hielten dich für verschollen, wir haben gesucht, gesucht. Keine Spur von dir. Warum kommst du nicht rauf, Robert? Komm. Du weißt doch: alles was mein ist, ist auch dein.

KÖHLER *(lacht)*: Alles?

REHBACH: Ja, alles. Warum lachst du dauernd?

KÖHLER: Lachen ist mein Hauptnahrungsmittel *(lacht)*, es ist mein Brot, mein Wein . . .

REHBACH: Es ist doch schrecklich, daß wir hier stehen und uns durch diese fürchterliche Leitung unterhalten . . .

KÖHLER *(lacht länger und lauter)*: Ich finde, diese Leitungen sind phantastisch – – man kann mit jemand sprechen, ohne ihn sehen zu müssen.

REHBACH: Daß du da unten stehst und nicht raufkommen willst – – mich nicht runterkommen läßt. Telefonieren wäre weniger grausam gewesen, Robert, warum . . .?

KÖHLER: Telefonieren kostet Geld. *(Lacht)*

REHBACH: Geld brauchst du?

KÖHLER *(lacht)*: Das klingt, als wenn du dir gar nicht vorstellen könntest, daß man kein Geld haben kann. *(Ahmt Rehbach nach)* Geld brauchst du? Luft brauchst du? Brauchst du vielleicht ein Paar Socken? Tatsächlich, Franz, ich könnte sowohl ein Paar Socken wie Geld gebrauchen.

REHBACH: Mein Gott, es geht dir schlecht? Robert – – erzähl doch: was hast du die ganze Zeit über gemacht – – wo bist du gewesen – – wie ist es dir ergangen? Wo hast du das Ende erlebt. Männer wie du fehlen uns, Männer, die . . .

KÖHLER: Euch fehlen Männer wie ich? Wer seid ihr? *(Lacht)* – – daß ihr Männer wie mich braucht . . .

REHBACH: Nun, ich meine – – der Staat, die Gesellschaft, ja, ich schäme mich nicht zu sagen: die Menschheit; wir . . . wir . . .

(Köhler lacht lange und besonders herzlich)

REHBACH: Nur Lachen, Robert?

KÖHLER: Ja, nur Lachen, Franz. *(Ahmt Rehbach nach)* Männer wie du fehlen uns! *(Kalt)* Ich kenne niemanden, dem ich fehlen könnte.

REHBACH: Aber mich kennst du, Robert.

KÖHLER *(lacht)*: Ich kannte dich. Und neulich habe ich dich sogar gesehen. *(Lacht)* In der Zeitung, Franz. Ein Bild von dir. In irgendeinem Park, aus irgendeinem Papierkorb, angelte ich mir eine Zeitung und sah dein Bild, Franz. Du hattest irgendwo einen Vortrag gehalten über »Die koordinierte Gesellschaft«. *(Lacht sehr lange, sehr laut, sehr herzlich)*

REHBACH: Robert, ich denke, du bist mir eine Erklärung schuldig. Wir sind Freunde gewesen, wir haben bittere Zeiten miteinander verbracht. *(Bewegt)* Du hast mir das Leben gerettet, Robert . . . lach jetzt nicht, bitte, lach nicht . . .

KÖHLER: Gut, ich lach jetzt nicht, obwohl . . . Unterstellen wir einmal: ich habe dir das Leben gerettet; wir sind Freunde gewesen; wir haben bittere Zeiten miteinander verbracht – – gut. Wieso bin ich dir dann noch eine Erklärung schuldig? Das klingt, als ob ein Lebensretter . . . *(leiser)* vielleicht hast du recht. Aber warum sollte ich nicht lachen. Es fällt mir schwer, nicht zu lachen. Findest du mein Lachen bitter, Franz?

REHBACH: Nein – – merkwürdigerweise: nein – – es klingt fast heiter – – es . . .

KÖHLER *(lacht)*: Ich bin auch heiter; meine Heiterkeit schwindet nur, wenn ich zuviel sehe. Es war wirklich nicht erheiternd, dein Gesicht in der Zeitung zu sehen; nimms mir nicht übel: du wirst ja hin und wieder in den Spiegel sehen – – solange ich dich nicht mit meinen eigenen Augen sehe, kann ich mir einreden, es habe am falschen Raster, an der Technik des Fotos, des Drucks gelegen. Auf einen Versuch ankommen lassen möchte ichs nicht. *(Lacht, räuspert sich)* Wir sprachen eben über Geld . . .

REHBACH: Wieviel brauchst du?

KÖHLER: Wieviel hast du?

REHBACH: Hier? Zu Hause?

KÖHLER *(lacht)*: Hast du auch anderswo Geld? *(Lacht sehr lange)* Papiere? Ein Bankkonto? Franz! *(Lacht)*

REHBACH: Entschuldige, aber das klingt mir nun doch zu kindlich. Glaubst du wirklich, ich sollte mein Geld hier herumliegen haben?

KÖHLER: Ist es denn soviel? Wieviel ist es denn?

REHBACH: Wie meinst du das? Insgesamt?

KÖHLER: Ja, insgesamt. Da mir alles gehört, muß ich es wohl erfahren. *(Lacht)* Ich habe doch sozusagen Anspruch auf einen Kontoauszug.

REHBACH: Wenn ich deine Stimme nicht kennte, würde ich bezweifeln, ob du wirklich der Robert bist, den ich kannte.

KÖHLER *(lacht)*: Nun wirst du wirklich ungerecht, Franz. Du warst es doch, der sagte: alles, was mein ist, ist auch dein. Oder wars nicht so gemeint?

REHBACH: Es war so gemeint.

KÖHLER: Dann sags mir doch. Ich brauche wirklich Geld, und ich bin gekommen, dich um welches zu bitten. *(Leiser)* Ich brauchs, Franz.

REHBACH *(herzlich)*: Ich komme sofort runter. Ich bringe dir alles, was ich im Hause habe. Brauchst du auch Kleider? Hast du Hunger? Ich komme sofort.

KÖHLER: Wenn du runterkommst, verschwinde ich. Und du hörst nie mehr von mir! Oder möchtest du, daß ich verschwinde?

REHBACH: Ich möchte dich sehen . . . und wie soll ich dir Geld, Kleider, zu essen geben, wenn ich nicht runterkommen kann und du nicht raufkommen willst?

KÖHLER *(lacht)*: Verzeih, daß ich lache. Aber es gibt eine uralte und bewährte Methode: wirf es zum Fenster raus.

REHBACH: Zum Fenster rauswerfen? Das macht man mit einem Groschen für die Straßenmusikanten.

KÖHLER *(lacht)*: Oder klingt dir das Zum-Fenster-raus-Werfen zu schlimm? Du könntest es ja in einen Karton tun, gut verschnüren; natürlich weiß ich nicht, welche Summe . . .

REHBACH: Ich werde etwa fünfhundert Mark im Hause haben. Ich könnte dir noch einen Scheck geben.

KÖHLER: Fünfhundert Mark. Soviel habe ich lange nicht in der Hand gehabt.

REHBACH: Ich gebe dir dreitausend, vier – – aber ich habe es nicht bar. Ein Scheck . . .

KÖHLER: Mit einem Scheck kann ich nichts anfangen.

REHBACH: Du könntest doch zur Bank gehen.

KÖHLER *(lacht)*: Sobald ich eine Bank betrete, drückt der Portier den Alarmknopf. *(Lacht)*

REHBACH: Wie siehst du denn aus?

KÖHLER *(lacht)*: Kannst du dir nicht vorstellen, wie jemand aussieht, bei dessen Anblick ein Bankportier den Alarmknopf drückt? *(Lacht)*

REHBACH: Lach doch nicht dauernd!

KÖHLER: Laß mir doch mein Lachen. Ist es denn bitter? Klingt es gemein? Oder vorwurfsvoll?

REHBACH: Nein, nein, es ist nur . . . *(stockt)*

KÖHLER: Was denn? Was ist es? *(Lacht)*

REHBACH: Es klingt so verantwortungslos.

(Köhler lacht laut und lange)

REHBACH: Ja, das ist das richtige Wort: verantwortungslos.

KÖHLER *(lacht)*: Du gibst mir das Geld besser sofort, sonst kommst du noch auf die Idee, es wäre verantwortungslos, mir welches zu geben.

REHBACH: Du *(zögert)* – – übst du deinen Beruf nicht mehr aus?

KÖHLER: Bist du Wohlfahrtsbeamter?

REHBACH: Nein, ich bin dein Freund.

KÖHLER *(lacht)*: Dieselbe Frage hat mir auch Helene gestellt.

REHBACH *(lacht sehr herzlich)*: Du bist bei Helene gewesen?

KÖHLER: Jetzt lachst du . . .

REHBACH: Helene ist wirklich komisch geworden. *(Lacht)* Schrullig. Ein bißchen zu schrullig. Fanatisch. *(Lacht)* Ich habe nichts gegen Ordnung – – aber sie macht eine Religion draus. Wann warst du bei ihr?

KÖHLER: Ich komme gerade von ihr. Sie hat leider keine Sprechanlage, und so mußte ich meine letzten Groschen in den Telefonautomaten werfen.

REHBACH: Sie hat dir nichts gegeben?

KÖHLER: Nichts. Sie hat gesagt, ein Mann von meiner Intelligenz undsoweiter. Dann wollte sie unbedingt wissen, wo ich die ganze Zeit über gesteckt habe – – und *(lacht sehr laut)* ob ich weiter *(lacht)* weitergekommen sei.

REHBACH: Wo hast du denn die ganze Zeit über gesteckt?

KÖHLER: Hör, bitte, Franz! Wirf erst das Geld runter, ja?

REHBACH: Warst du – – du warst im Gefängnis?

KÖHLER *(lacht)*: Natürlich nicht die ganze Zeit.

REHBACH: Wo bist du denn von Osbergen aus hin? Damals . . .

KÖHLER: Zu den Franzosen – – hör, Franz, machst du den Karton fertig?

REHBACH: Waren sie nett zu dir, ich meine, haben sie . . .?

KÖHLER: Sie waren reizend, ganz reizend. Sofort kapiert, was mit mir los war. Sofort kapiert, sag ich dir. *(Lacht)* Zum Bürgermeister haben sie mich gemacht. Vollmachten, Freiheiten. Zu essen, zu trinken – – aber ich bin ja kein Bürgermeister, ich bin Maler – war Maler.

REHBACH: Du malst nicht mehr?

KÖHLER *(lacht)*: Nein, ich zeichne nur noch.

REHBACH: Darf ich auch deine Zeichnungen nicht sehen?

KÖHLER: Möchtest du gern wissen, ob ich begabt bin? Zu Hoffnungen Anlaß gebe? *(Lacht)* Nein, ich zeichne nur unter bestimmten Bedingungen.

REHBACH: Ich verstehe. Kein Material. Kein Atelier.

KÖHLER: Material. Atelier. *(Lacht)* Nein, nein – – gewisse klimatische Bedingungen fehlen mir.

REHBACH: Ich verstehe. – Sonne. Wärme. Vielleicht Süden?

KÖHLER: Du verstehst gar nichts, Franz. Ich zeichne nur noch gelegentlich mit meinem rechten Zeigefinger auf beschlagene Scheiben, und die gibts nicht immer, nur morgens früh *(lacht)* und in Badezimmern, aber Badezimmer . . . *(dringender)* Warum wirfst du mir das Geld nicht runter? Gehört mir nun alles, oder gehört mir nichts? Bist du mein Freund oder nicht? He? Bist du noch da . . .?

Rehbach *(nach kurzem Schweigen)*: Ich bin noch da. *(Überlegt)* Gut, ich werf dir das Geld runter. Warte.

Köhler: Ich warte.

Rehbach: Wirst du sofort gehen, wenn ich das Geld runtergeworfen habe? *(Leise)* Zum Fenster hinaus?

Köhler *(lacht)*: Du fängst an, mich wirklich zu langweilen, Franz. Wirf das Geld runter und du wirst sehen, ob ich noch da bin oder nicht. Oder solls eine Bedingung sein? Bedingungen nicht, wie?

Rehbach: Bist du schon bei Georg gewesen?

Köhler: Nein. Glaubst du, er wird mir was geben?

Rehbach: Wir sprechen immer von dir, immer, Robert; er würde sich freuen, dich zu sehen – – und du fragst, ob er dir was geben würde! Warum bist du nicht früher gekommen, Robert?

Köhler: Ich war verhindert *(lacht)* durch höhere Gewalt. *(Zum ersten Mal mit einem Anflug von Bitterkeit)* Wirfst du nun das Geld runter oder nicht?

Rehbach *(ungeduldig)*: Ja, sofort – – hast dus so eilig?

Köhler: Ich habs sehr eilig. Ich brauch das Geld, Franz. Hast dus nicht gehört?

Rehbach: Warte *(Er geht ins Zimmer zurück)*

III

Franz: Was ist das für ein Mann, Vater?

Rehbach: Hast du gelauscht?

Franz: Die Tür stand offen, ich habe nicht gelauscht, nur gehört.

Rehbach: Alles?

Franz: Alles, was du gesagt hast. Ist es wirklich Robert Köhler? Der Mann, von dem du uns so viel erzählt hast?

Rehbach: Ja, er ist es.

Franz: Warum kommt er nicht rauf?

Rehbach: Er will nicht.

Franz: Und warum gehst du nicht runter?

Rehbach: Er will nicht, daß ich runterkomme.

Franz: Warum?

Rehbach *(leicht gereizt)*: Warum? Warum? Ich weiß nicht, warum.

Franz: Man kann ihn gar nicht sehen da unten.

Rehbach: Hast dus versucht?

Franz: Ja, ich hab zum Fenster rausgeschaut. Er muß sich ganz nah an die Haustür drücken.

Rehbach: Geh jetzt ins Bett, Franz, es ist schon spät.

Franz: Mutter hat gesagt, ich dürfte warten, bis sie nach Hause kommt.

Rehbach *(gereizt)*: Gut, dann warte meinetwegen.
(Man hört Rehbachs Schritte im Zimmer. Er reißt Schubladen auf, Papier raschelt)

Franz: Was machst du da, Vater?

Rehbach: Ich werfe ihm Geld runter.

Franz: Zum Fenster raus?

Rehbach: Ja.

Franz: Zum Fenster raus . . .

IV

Rehbach *(geht in die Diele, spricht in die Anlage)*: Robert?

Köhler: Ja?

Rehbach: Ich werfs jetzt runter!

Köhler: Versprich mir, nicht zu schauen, wenn ich das Päckchen aufhebe.
(Rehbach schweigt)

Köhler: Versprichst dus mir?

Rehbach: Du hältst es für Neugier – – es ist mehr, Robert.

Köhler *(mild)*: Ich weiß, Franz, ich weiß, aber glaub mir, es ist besser, wenn wir uns nicht sehen.

Rehbach *(nach einigem Zögern)*: Gut, ich werde nicht schauen.
(Rehbach geht ins Zimmer zurück, öffnet das Fenster – – man hört das Päckchen fallen, aufschlagen. Rehbach geht in die Diele zurück)

Rehbach: Robert?

Köhler: Ja? Danke, ich habs, Franz, *(lacht)* danke, Franz. *(Man hört durch die Anlage, wie er das Päckchen aufreißt, Papier zerknüllt, plötzlich lacht er laut)* Das sind aber keine fünfhundert, Franz. Genau zweihundertundzehn. *(Lacht)* Hast du dich verzählt oder nicht gewußt, daß du nur soviel im Haus hast? Wenn mir alles gehört, schuldest du mir noch alles weniger zweihundertzehn. Warum die zehn Mark? *(Lacht)* Warum nicht zweihundert? Fünfhundert – – danke, Franz, das ist viel Geld – – im Verhältnis zu *alles* sehr wenig!

REHBACH: Bist du jetzt nicht ungerecht?

KÖHLER: Ich bin nur genau. Ich habe nicht gesagt, daß mir alles gehört. *(Kurze Pause, Schweigen)* Bist du noch da, Franz?

REHBACH: Ich bin froh, daß *du* noch da bist.

KÖHLER: Ich warte auf den Rest, Franz, den Rest von fünfhundert. Bedenke, daß ich zu Georg nicht gehen kann.

REHBACH: Warum nicht?

KÖHLER: Du wirst ihn anrufen, informieren, vielleicht sogar warnen. *(In zitierendem Ton)* Robert ist aufgetaucht, offenbar verkommen, demoralisiert – – dunkle Vergangenheit – – er braucht Geld – – und Georg wird mir irgendwo auflauern, mich abfangen. *(Lacht)* Sag ihm, ich käme – – aber nicht heut; irgendwann – – und mach ihn mit der Methode vertraut: zum Fenster raus werfen, hörst du? *(Da Rehbach schweigt)* Bist du noch da?

REHBACH *(leise)*: Ja. Ich denke an Osbergen. Was haben wir miteinander erduldet, füreinander getan, wie haben wir miteinander gesprochen; du hast mir das Leben gerettet, dein eigenes aufs Spiel gesetzt, bist nachts aus unserem Versteck geschlichen, um Medikamente zu holen, einen Arzt, Milch – – und nun?

KÖHLER: Ich bin derselbe Robert. Unverändert derselbe. *(Lacht)* Sogar Oberbürgermeister bin ich eine Zeitlang gewesen. *(Lacht)* Sie waren einfach reizend zu mir. Ihr konntet mich gar nicht finden, ich hatte meinen Namen geändert und nannte mich Kohl: Friedrich Kohl; ein Name ist ein Steckbrief, Franz. Ein Gesicht ist einer, ein Bild; alles, was wiedererkennbar ist, ist Steckbrief. *(Lacht)* Ich wurde steckbrieflich gesucht und gefunden. Du möchtest so gern wissen, warum? Du würdest enttäuscht sein, wenn ichs dir sage. Denk nicht dran und wirf den Rest runter. Franz! *(Schreit)* Warum wirfst du den Rest nicht?

REHBACH: Schrei mich nicht an! Du weißt doch wohl noch, daß ich nie einen Menschen anschreien konnte.

KÖHLER *(leise)*: Verzeih.

REHBACH: Ich werde dich nie mehr sehen?

KÖHLER: Ich komme wieder, wenn ich Geld brauche – – aber nicht so bald.

REHBACH: Du weißt, daß ich in deiner Schuld stehe.

KÖHLER: Deshalb vielleicht der Rest? Nein, du stehst nicht in meiner Schuld, Franz. Ich ging ganz gern mal nachts aus unserem Versteck raus, schon um mal eine andere Frau als Helene zu sehen. *(Lacht)* Das Leben gerettet ... *(man hört den erstaunten Ausruf einer Frau, dann Robert sehr rasch weglaufen)*

REHBACH: Robert, Robert, warte doch, warte – – ich werf dir den Rest sofort – Robert ...

V

Die Haustür wird aufgeschlossen, Frau Rehbach stürzt in die Diele, wirft die Tür hinter sich zu, keucht)

REHBACH: Was ist los, Marianne, hast du ihn gesehen?

MARIANNE *(erregt)*: Ja, ich habe ihn gesehen. War ers?

REHBACH *(erstaunt)*: Wen meinst du?

MARIANNE: Dieser Mann, von dem du uns immer erzählt hast.

REHBACH *(erstaunt)*: Ja. Wie sah er aus?

MARIANNE: Ich kann dir nicht sagen, wie er aussah. Ich habe ihn gesehen – ihn ...

REHBACH *(lacht)*: Ja – – und ...?

MARIANNE: Lach nicht, Franz! Ich kann dir nicht *mehr* sagen: Ich habe ihn gesehen. – Was hast du von Rest gerufen?

REHBACH: Ich habe ihm Geld runtergeworfen ... *(stockt)*

MARIANNE: Nicht alles?

REHBACH: Nein – – und ich wollte ihm noch einen Scheck geben.

MARIANNE *(lacht)*: Einen Scheck ...

REHBACH: Warum lachst du? Ich gebe dir auch Schecks.

MARIANNE: Ja, mir. Verzeih – – du kannst nicht wissen ... *(lacht)* Ihm einen Scheck ...

REHBACH: Was soll ich denn tun?

MARIANNE: Warten, bis er wiederkommt.

Konzert für vier Stimmen [1963]

Personen

Baß
Tenor
Alt
Sopran

Bass: Mein Chef beklagt ständig meinen Mangel an Ehrgeiz. Er vergleicht meinen Einfallsreichtum, mein Organisationstalent, meinen Ordnungssinn mit drei Rädchen, die gut ineinander arbeiten, und behauptet, wenn da noch ein viertes, kleines flinkes Rädchen – eben der Ehrgeiz – hinzukäme, eine Art ständiger Unruhe . . . könnte ich Wunder vollbringen. Dieser Vergleich ist natürlich schief, gar nicht bildhaft, aber das Merkwürdige an Chefs ist, daß sie immer schiefe Bilder, hinkende Vergleiche erfinden.

Ich nehme es meinem Chef nicht übel. Schließlich soll man – wie heißt es? – die Menschen nicht überfordern. Er ist der Chef; muß er da auch noch bildhaft denken können? Ich tue meine Arbeit, fast möchte ich sagen: sogar meine Pflicht (*lacht*), wenn man das Pflicht nennen kann: Hüte zu verkaufen. Ich stehe nicht hinterm Tresen. Ich bin ungeeignet, unmittelbar mit dem Publikum Kontakt zu bekommen. Eine meiner negativen Eigenschaften, die der Chef hartnäckig übersieht – diese Leute *müssen* einfach ihre Illusionen behalten –, mein Zynismus macht mich ungeeignet für den Publikumsverkehr. Ich *plane* nur Hüte, zeichne sie nicht einmal. Ich sag nur: es müssen neue Hüte her – dann flattern die Entwürfe auf meinen Tisch, und ich bestimme nur, welcher Hut für welche Altersstufe produziert wird. Bisher habe ich immer die richtigen Entwürfe ausgewählt. Der Chef nennt das Instinkt. Er weiß nicht, daß meine Werbemethoden feudalistischen Epochen abgeguckt sind. Um meine Hüte in Mode zu bringen, bediene ich mich der abgewandelten Form des Salons. Das heißt: ich fange oben an, und oben bedeutet für mich: bei den Intellektuellen. Einer bestimmten Sorte von Redakteuren, Film-, Funk- und Fernsehleuten (ich nenne sie insgeheim die drei F: frisch, fröhlich, frei – oder fromm, fröhlich, frisch – unterstellen wir einmal, daß das Intellektuelle sind!) – diesen drei F (zum vierten F des Turnvaters Jahn fehlt ihnen jeweils eine Eigenschaft – entweder sind sie nicht frisch, nicht fröhlich, nicht frei oder nicht fromm) . . . diesen Fs also zaubere ich meine Hüte auf den Kopf; und was ich nicht begreife, ist die Klage der Intellektuellen über ihren geringen Einfluß, über eine Verkennung ihrer Wichtigkeit, gar Diffamierung. Es braucht mir nur zu gelingen, über einen Hut das Gerücht zu lancieren, die Intellektuellen trügen ihn, schon ist der Hut gemacht. Was wollen diese Leute mehr? Man trägt die Hüte, die sie tragen, oder von denen behauptet wird, sie trügen sie.

Intellektuell ist einfach Mode, und stimmt der uralte, uns von unseren Vätern überkommene Spruch nicht mehr: Wes Hut ich trag, des Geist ich bin? Gelingt es mir, zweien oder dreien dieser bekannten 3-F-Leute einen meiner Hüte aufzusetzen – wie ich das mache, muß ich nun wirklich für mich behalten –, so ist mein Hut gemacht. Schließlich erhöht so ein Hut die Poesie der Männlichkeit. Natürlich bekam ich Gewissensbisse; das ist ganz unvermeidlich, wenn man an höhere Werte glaubt, und ich glaube an solche. Unvermeidlich, wenn man die Erkenntnis von der Dummheit der Leitbilder ins Werbedenken überträgt. Ein Außenstehender – gibt es solche überhaupt? – kann sich gar nicht vorstellen, wie verrückt die Leute werden, wenn so ein Hut wirklich durchkommt, wenn er Mode wird . . . Sie reißen uns die Hüte buchstäblich aus der Hand. Es hat tatsächlich in den einschlägigen Geschäften schon Schlägereien gegeben, wenn es um letzte Modelle einer bestimmten Produktionsserie ging. Der Slogan: Schlägerei in einschlägigen Geschäften steigerte den Wahn. Und wer riß uns die Hüte aus der Hand?: die Intellektuellen. Ich könnte da Beispiele nennen, ziemlich profilierte Persönlichkeiten, die ständig das Wort Massengesellschaft im Mund führen, aber ich bin natürlich ans Geschäftsgeheimnis gebunden. Jedenfalls: ich bekam Gewissensbisse. Tue etwas, wovon du nicht ganz überzeugt bist – – was ist die Folge: Gewissensbisse. Wohin damit? Natürlich sprach ich zuerst mit meiner Frau. Ergebnislos. Sie wußte einfach nicht, was ich meinte. Hüte? sagte sie, müssen die Menschen nicht Hüte tragen, und zwingst du sie etwa, Hüte zu tragen, eure Hüte? Ja, sagte ich, bis zu einem gewissen Grad zwinge ich sie, ich zaubere die Hüte auf ihre Köpfe. Sei doch froh, sagte meine Frau, daß du so gut zaubern kannst. Vollkommen zwecklos, mit ihr über solche Probleme zu sprechen. Sie ist Gattin und Mutter und schließlich keine Analytikerin. Wohin geht ein anständiger Katholik mit seinen Gewissensbissen? Zum Priester. Ich ging hin. Vollkommen ergebnisloses Unternehmen. Er sprach von Gott. Er sagte, hat Gott nicht Regen und Wind, Schnee, Sonne und Kälte erschaffen? Haben Sie je den Sonnengesang des heiligen Franz von Assisi gelesen? Nein? Dann lesen Sie ihn sofort, hier, ich schenke Ihnen das Exemplar. Regen, Wind, Sonne, Schnee und Kälte – – und was machen Sie? Sie machen Hüte. Eine sehr, sehr nützliche Tätigkeit. Als ich ihm klarzumachen versuchte, daß ich meine Hüte

ja nicht gegen Regen, Schnee und – – hier unterbrach er mich
und sagte: Die Menschen kaufen sie sich also zum Schmucke.
Er sprach eine halbe Stunde lang über die Schönheit, über die
Pflicht zur Schönheit. Ich ging ungetröstet von dannen. Bin
ich ein Zyniker, wenn mich dieser Besuch auf den Einfall zu
einem Priesterhut brachte, der seitdem unser Schlager ist?

SOPRAN: Vater ist lieb, er ist sehr großzügig, nie eigentlich mies
gelaunt. Nur sieht er manchmal so melancholisch aus. Ich glaube einfach: er hat Komplexe. Er wird das mit den Hüten nicht
los. Nicht nur, daß er prinzipiell barhaupt geht, bei Wind und
Wetter, bei Regen, Schnee und Kälte barhaupt; er hat außerdem
aufgehört, sonntags zur Kirche zu gehen. Er sagt: ich kanns
einfach nicht mitansehen, wenn sie sich alle – alle ist natürlich
übertrieben – alle nach der Messe einen meiner Hüte aufsetzen.
Dabei sind seine Hüte so schick. Ich denke, er geht zu weit,
wenn er seiner Hüte wegen nicht mehr zur Kirche geht. Er geht
überhaupt kaum noch aus. Hin und wieder zu einem Essen bei
seinem Chef oder zu Empfängen in irgendwelchen Hotels, wo
über Hüte gesprochen, über Hüte getagt *(lacht)*, ja getagt wird.
Eine Huttagung, das klingt komisch, aber das gibt es. Vater
macht auch seriöse Hüte: für Staatsmänner, Großindustrielle
und – wie er sagt – ähnliche Erscheinungen. Diese Hüte sind
teuer und werden nur an Leute verkauft, die sich entweder aus-
weisen können oder persönlich empfohlen werden. Ich möchte Vater so gern helfen, ich fürchte, er wird uns schwermütig.

ALT: Erwin ist wirklich begabt. Er weiß einfach, was verkäuf-
lich ist. Sogar den flachen Hut mit der breiten Krempe, den
ich ihm ausreden wollte, hat er durchbekommen. Jetzt will er
sich auf Zylinder stürzen. Er sagte zu mir: Du wirst sehen,
Zylinder werden gehen wie – – aber da fiel ihm kein Vergleich
ein, und ich verstehe, daß ihm der Vergleich mit den warmen
Semmeln nicht mehr über die Lippen will. Mit den Zylindern
beweist er mal wieder seinen Instinkt. Die Menschen verlangen, sie schreien ja einfach nach Form, Tradition, nach Leit-
bildern und nach Würde. Sicher wird es Erwin gelingen, auch
die Jugend zum Zylinder zu bekehren. Er kann ziemlich
zynisch sein. Neulich sagte er zu mir: Schade, daß der Markt
für Kardinalshüte so beschränkt ist. Ich hätte da eine Idee.
Was mir aber wirklich Kummer macht, ist die Tatsache, daß
Erwin seine religiösen Pflichten vernachlässigt. Er sagte zu
mir, laß mich in Ruhe. Ich lese, während ihr in der Kirche
seid, den Sonnengesang des heiligen Franziskus. Das ist die

einzig wahre Lektüre für jemanden, der mit Hüten zu tun hat. Er liest tatsächlich den Sonnengesang. Ich habe mit unserem Pfarrer über Erwin gesprochen. Der Pfarrer war erstaunlich milde. Er sagte: Ihr Gatte befindet sich in einer Krise, von der ich den Eindruck habe, daß sie sehr fruchtbar werden kann. Seine Gewissensbedenken sind tatsächlich nur eine besondere Art der Anfechtung. Es gibt die Anfechtung, etwas zu tun, und es gibt die Anfechtung, etwas nicht zu tun. In der Güte Ihrer Gattenliebe, in der herzlichen Zuneigung der Kinderliebe wird er diese Anfechtung überstehen und ohne Gewissensbedenken seine herrlichen Hüte weiter produzieren. Sie sagen, er liest den Sonnengesang? Das ist doch großartig. Geduld. Geduld . . . aber gerade die Geduld fehlt mir. Ich glaube, es müßte sofort etwas getan werden. Erwin vernachlässigt sich körperlich in einer Weise, die er sich einfach nicht erlauben kann: unrasiert, sogar ungewaschen mit schmutzigem Hemd, schiefsitzender Krawatte geht er morgens ins Büro. Sein Chef ruft mich dauernd an und sagt, ich müßte irgend etwas unternehmen. Es ginge so nicht weiter. Erwins Einfallsreichtum sei zwar unerschöpflich, seine Tätigkeit auch weiterhin ertragreich, er sei eine Kraft, die die Firma nie, nie würde entbehren können, aber was zu weit gehe, gehe zu weit. Selbst Extravaganzen, als die man Erwins Gebaren lange ertragen habe, selbst Extravaganzen hätten ihre Grenzen, wenn einer anfinge zu stinken. Ja, er fände kein anderes Wort dafür: stinken.

(Seufzt) Ich mußte ziemlich drastische Maßnahmen ergreifen. Ich nahm Erwin, während er schlief, einfach die Wäsche weg, und es blieb ihm nichts anderes übrig, als am nächsten Morgen saubere Wäsche anzuziehen. Zum Glück war das Wetter auf meiner Seite: es war ziemlich kalt, und als er im Wäschekorb vergebens nach seiner schmutzigen Wäsche gesucht hatte, mußte er wohl oder übel die saubere anziehen. Er hat schrecklich geflucht. Und die Folge meiner Gewaltaktion: daß er seitdem mit der Wäsche am Leib zu Bett geht. Er läßt sogar Krawatte und Unterhose an, wischt sich morgens nicht einmal die Spuren der Frühstücksmarmelade aus den Bartstoppeln . . . *(bricht in Schluchzen aus)*

TENOR: Da ich morgens schon weg bin, wenn Vater aufsteht, er abends schon im Bett liegt, wenn ich heimkomme, habe ich von der ganzen Geschichte nichts gewußt. Mutters vergrämtes Gesicht, meiner Schwester merkwürdige Andeutungen – – und von *Gestank* habe ich einfach nichts bemerkt. Ich gehe sonntags immer sehr früh zur Kirche, weil ich zwischen neun und zwölf mit Freunden musiziere – – und ich komme auch sonntags immer sehr spät nach Hause, weil wir abends diskutieren. Über die Massengesellschaft. Tatsächlich: als dieser Alarmanruf von Vaters Chef kam, stellte ich fest, daß ich Vater seit sechs Wochen nicht mehr gesehen hatte, und es scheint so, als ob die eigentliche Krise sich innerhalb gerade dieser sechs Wochen gebildet und auf ihren Höhepunkt zu entwickelt hat. Die Fakten entsprechen den Wahrnehmungen: Vater stinkt wirklich. Es gibt kein anderes Wort dafür. Natürlich gibt es nur eine einzige Erklärung dafür: verspätete Pubertät; Trotz. Das Kriegserlebnis hat diese Generation aus dem Gleichgewicht gebracht. Vater spricht zwar nie darüber, aber ich bin sicher: es handelt sich um Erlebnis- und Schuldkomplexe. Die mangelhafte seelische Hygiene drückt sich in dem geradezu krankhaften Wunsch, auch körperlich unhygienisch zu sein, aus. Dagegen gibt es Mittel: Psychiater und Badewasser. Ich fürchte, wir werden hart sein müssen: Vater hat sich in einen Zustand hineingetrotzt, der milde Mittel ausschließt. Möglicherweise spielen auch sexuelle Dinge eine Rolle. Männer mit fünfzig. Ich werde am Sonntag sofort nach der Messe zu Hubert gehen, dessen Vater eine der besten psychiatrischen Privatkliniken unterhält. Das Merkwürdige ist, daß Vater – wie mir sein Chef am Telefon mitteilt – gerade jetzt für die Firma unentbehrlich ist: er hat großartige Einfälle, einen untrüglichen Werbeinstinkt, und – es mag ein bißchen übertrieben sein, es klingt jedenfalls sehr dramatisch – seinen Verlust würde die Firma nicht überstehen. Einfach nicht überstehen – so sagt der Chef. Ein Gespräch mit Mutter verlief ergebnislos: nur Tränen und unartikuliertes Gestammel. Vollkommen unmöglich, sachliche Gespräche zu führen. Meine Schwester ist einfach zu albern: sie findet das schick, wie Vater aussieht. Offenbar ist ihr Geruchssinn unterentwickelt. Ich habe zwei Mathematik- und eine Lateinstunde geopfert, bin am Sonntag in eine spätere Messe gegangen, um Vater – ich muß schon sagen – in Augenschein zu nehmen. Das ganze ist reine Romantik: kein Wunder, er trägt, wo er geht, steht und liegt, den Sonnengesang des Franz von Assisi mit sich herum. Kein Wunder, daß er den Wunsch hat, wie ein Bettler auszusehen. Dabei sieht er gar nicht wie ein Bettler aus. Was einmal Unrasiertheit gewesen sein mag, ist längst ein – wenn auch ungepflegter – Bart. Da sein Anzug von allererster Qualität ist und Mutter ständig mit Bürste und Reinigungsmitteln um ihn herumwieselt, ist auch seine Kleidung halbwegs erträglich. Das kann man noch als sonderlich – als bohemienhaft, immerhin ist er eine Art Künstler – gelten lassen. Es wirkt jedenfalls noch nicht abstoßend. Schlimm ist allerdings der – Gestank – ... Da er nachts immerhin Rock und Hose auszieht, auch die Strümpfe, könnte Mutter den Anzug nicht nur heimlich vollkommen säubern, ihn auch mit desodorierenden Essenzen tränken, die den Geruch der Unterwäsche verdrängen. Auf diese sehr einfache Idee ist sie noch nicht gekommen. Es wäre sogar möglich, ihm, während er schläft, eine neue Krawatte umzubinden: die alte ist vollkommen verschlissen. Schade, daß Frauen die Anwendung der Vernunft so schwer fällt. Ich gebe zu: alle diese Maßnahmen sind nur vorübergehend wirksam, sie bedeuten keine Heilung, keine Lösung des Problems, nur: Zeitgewinn. Aber darum geht es ja: Zeitgewinn. Was Mutter auch falsch macht: sie läßt ihn das Außergewöhnliche seines Aussehens spüren: entsetztes Gesicht, Tränen, Klagen. Das steigert natürlich die Eitelkeit eines Romantikers, wie Vater einer ist. Ich tat so, als ob er vollkommen normal sei. Gab ihm die Hand, küßte ihn auf die Wange, wie ichs immer tue, wenn ich ihn treffe. Seine Reaktion, als ich ihn auf die Wange küßte, war allerdings merkwürdig. Er sagte: Judas hat es besser gekonnt. Er sagte das ohne Erregung, wie eine nüchterne Feststellung, das machte es mir leicht, das Alltägliche vorzutäuschen: ich setzte mich ihm gegenüber, goß mir Kaffee ein, schnitt ein Brötchen auf und stellte fest, daß immerhin sein Appetit ungebrochen ist. Eine Tatsache, die mich überrascht: meistens schwindet ja bei Hypochondern der Appetit. Er aß – ich fühlte mich verpflichtet, das genau zu registrieren, da Einzelheiten dieser Art Huberts Vater die Diagnose erleichtern werden – er aß drei Brötchen mit Butter und Honig, zwei Scheiben Brot mit Schinken, trank drei Tassen Kaffee, rauchte, las in der Zeitung. Als ich ihn nach seinen beruflichen Plänen fragte, sagte er mit gleichgültiger Stimme: ich lasse gerade eine Tiara entwickeln. Ob das einer seiner zynischen Scherze ist? Er konnte nie die Religion nüchtern nehmen. Als ich ihn zum Abschied wieder auf die Wange küssen wollte, wandte er sich brüsk ab. Immerhin konnte ich feststellen, daß er sich die Hände immer noch pflegt und wäscht. Offenbar eine Art Pilatuskomplex.

ALT: Lange Zeit habe ich geglaubt, es handele sich um die übliche Krise vor der Frühjahrsmode. Da war er immer nervös. Schließlich hat er ziemlich gewagte Modelle auf den Markt gebracht. Sein Frühjahrsmodell war das riskanteste, das er je gebracht hat: es ist aus Ziegenleder und gleicht tatsächlich einem Kardinalshut, ist nur nicht so rund und noch flacher; als er mir das Modell zeigte, sagte ich: darin sehen ja alle wie Clowns aus, das wird nicht gehen – – und als in der Wohnung seines Chefs der neue Hut an ein paar männlichen Mannequins ausprobiert wurde, war jedermann vollkommen deprimiert, auch die Mannequins: sie sahen tatsächlich wie Clowns aus, das heißt: ziemlich lächerlich; und was bei einem Clown recht ist, ist schließlich nicht für junge Männer zwischen zwanzig und fünfunddreißig angebracht. Aber der Chef sagte: Es gibt kein Zurück mehr, wir können nur noch nach vorne fliehen – – und Erwin sagte: Jawoll, Herr General, Angriff ist die beste Verteidigung. Noch schlimmer war das Modell, das er für die Altersstufe fünfunddreißig bis fünfzig entworfen hatte: es war ziemlich spitz, aus Velour, sah fast wie die mittelalterlichen Judenhüte aus. Die Frau des Chefs brach in Tränen aus, als sie's an den Mannequins sah. Alois, sagte sie zu ihrem Mann, das trägt doch kein Mensch, wir sind ruiniert. Jedenfalls: der Abend war sehr deprimierend. Beim Essen nachher hatte keiner Appetit außer Erwin; es war mir gelungen, den Trick anzuwenden, den mein Sohn mir angeraten hatte: nachts seinen Anzug zu säubern, mit desodorierenden Essenzen zu tränken – schreckliche Flüche, Verwünschungen sprach er über mein Haupt – und so sah Erwin ganz manierlich aus und – – roch nicht. Wie gesagt: er war der einzige, der mit Appetit aß. Zweimal ließ er sich Suppe geben, immer, wenn der Diener Fleisch nachreichte, nahm er, bis schließlich die Frau des Chefs dem Diener abwinkte. Beim Nachtisch war er geradezu unmanierlich, aß Eis und rauchte gleichzeitig Zigaretten und bestand drauf, daß ihm der Kaffee schon zum Eis gereicht wurde. Die Frau des Chefs flüsterte mir zu, wieviel in diese neuen Hüte investiert worden sei. Die Ziegen, sagte sie, was glauben Sie, wie plötzlich das Ziegenleder im Preis stieg, als man merkte, *wieviel* wir davon brauchten. Ihr Mann, sagte sie schließlich, benimmt sich wie ein Genie, aber ich fürchte fast, er ist keins mehr. Schließlich beim Cognac stand Erwin auf und prostete dem Chef zu: Vorwärts, Herr General, der Angriff ist die beste Verteidigung. Ich fand das ziemlich kindisch. Das Erstaunliche geschah: beide Modelle wurden ein überwältigender Erfolg. Als ich die ersten auf der Straße sah, mußte ich ja noch an mich halten: ich wäre fast in Lachen ausgebrochen: sie sahen wirklich lächerlich aus. Merkwürdig: man gewöhnt sich daran. Sie wirken gar nicht mehr lächerlich, besonders die spitzen, die mich an Judenhüte erinnerten: im letzten Augenblick, bevor sie richtig auf den Markt kamen, hat man sie doch oben eingedellt. Inzwischen ist auch Erwins Zylinder für Jugendliche auf dem Markt: ein voller Erfolg. Es ist Mode geworden, zu Tanzparties, Verlobungen, Prüfungen Zylinder zu tragen, er hat es geschafft, daß »chic« wurde, mit Zylinder Moped zu fahren. Es sind nur einige Klagen der Autoindustrie zu vermelden, die behauptet, gerade die schicken flachen Autos verkauften sich schlechter, seitdem die jungen Leute Zylinder tragen. Erwin – schlagfertig wie er ist – hat einen besonderen Autozylinder entwickelt, der sich zusammendrücken läßt, also nichts weiter ist als ein modernisierter Chapeau claque, der, auf Grund eines besonders eingebauten Mechanismus, hochspringen kann, sobald man das Auto verläßt. Wie könnte ich, sagte Erwin, wie könnte ich es über mich bringen, der Autoindustrie Schaden zuzufügen. Er – Erwin selbst – hat sämtliche Theorien, daß seine Verkommenheit nur der üblichen Nervosität vor der Frühjahrsmode entspringe, längst widerlegt. Seitdem ich seinen Anzug nachts heimlich gesäubert habe, er mich mit Flüchen überhäufte und keinen schmutzigen Anzug im ganzen Hause fand, schläft er in Anzug und Schuhen. Es blieb mir keine andere Wahl, als das eheliche Schlafzimmer zu räumen und mir im Herrenzimmer eine Liegestatt zurechtzumachen. Auch der Pfarrer ist der Ansicht, daß ich das Recht dazu habe. Es gibt schließlich Grenzen, und was zu weit geht, geht zu weit. Wie es weitergehen soll, weiß ich nicht. Man kann keinen Menschen zum Psychiater zwingen, und ein Psychiater, der sich als Kunde tarnte und Erwin geschickt testete, kam mit dem verheerenden Ergebnis: eine geradezu perfide Intelligenz. Die Firma braucht ihn, sie braucht ihn dringender denn je, und uns ist er Vater und Gatte. Der Pfarrer macht seltsame Ausflüchte, die ich als unfair empfinde. Er sagte zu mir: es heißt, bis daß der Tod euch scheide. Nicht, bis daß der Geruch – – – aber – den Rest wollte ich nicht hören.

SOPRAN: Ich war sehr erregt, freudig erregt, als ich zum Pfarrer ging und ihm sagte, daß Vater mir versprochen hatte, wieder in die Kirche zu gehen. Es ist mir tatsächlich gelungen, Vater klar zu machen, daß es unrecht ist, was er tut. Überhaupt: ich kann gar nicht sagen, daß er etwa mürrisch oder unfreundlich ist. Nur mit Mutter ist er so. Er sagt, sie hat ihn verraten. Vielleicht übertrieben, aber es ist was dran. Jedenfalls: ich rannte also zum Pfarrer, um ihm die freudige Wendung mitzuteilen. Er sagte zu mir: Liebes Kind, ich habe doch gewußt, daß er zurückkehren wird. Er hat einen so guten, einen so grundguten Kern – und daß er sich entschlossen hat, sein seltsames Gebaren in puncto Sauberkeit dranzugeben – hier unterbrach ich den Pfarrer und sagte ihm, *darin* habe ich Vater nicht umstimmen können. Der Pfarrer sagte: Aber du willst doch nicht damit sagen, daß er so, wie er ist, in die Kirche kommen will? Doch, sagte ich, so wie er ist. Der Pfarrer sagte: Kind, ich flehe dich an, das mußt du verhindern. Was, sagte ich, ich muß verhindern, daß Vater in die Kirche kommt? Ja, sagte er, verhindern, daß er in diesem Zustand kommt. Es ist sündhaft, so schmutzig zu sein, es ist sündhaft gegen die Mitmenschen. Ich sagte, das könne ich nicht versprechen, und der Pfarrer sagte: Besser gar nicht als so, wie er ist.

Bass: Der Chef kann sich nicht mit meinem Gedanken anfreunden: eine Tiara entwerfen zu lassen. Er sagt: aber Sie müssen doch zugeben, daß es dafür tatsächlich nur einen einzigen Kunden gibt. Zugegeben, sagte ich, aber bedenken Sie, was für ein Kunde. Schließlich sind wir eine Firma, die Kopfbedeckungen verkauft, und eine Tiara ist eine Kopfbedeckung. Sie haben, sagte der Chef, blasphemische Neigungen, hören Sie – das sagte er flüsternd *(senkt die Stimme)* – eine Frage unter uns Katholiken: üben Sie eigentlich Ihre Christenpflichten noch aus? Soweit es mir erlaubt ist, sagte ich. Der Pfarrer hat mir von meiner Tochter ausrichten lassen, daß er mich, so wie ich bin, nicht in der Kirche sehen möchte. Das kann ich verstehen, sagte der Chef, Sie sind sich doch klar darüber, wie Sie sind? Wie bin ich denn, fragte ich? Mein Lieber, sagte der Chef, unter uns Männern gesagt: Sie – – Sie stinken! – Na, und, sagte ich, es hat schon andere gegeben, die stanken. Aber mein Lieber, sagte der Chef, wir leben doch … ich unterbrach ihn und sagte: Sie haben keine Ahnung, wann wir leben …

Heinrich Böll
Frauen vor Flußlandschaft

Roman

Bonn ist der Schauplatz des neuen Romans von
Heinrich Böll — ein Ort höchster politischer
Aktualität. Was Böll jedoch interessiert, ist nicht
die Tagespolitik, sondern das Netz der Beziehun-
gen und Geschichten hinter den Kulissen der
offiziellen Sebstdarstellung. Die Frauen der Poli-
tiker, sonst nur gesellschaftliches Beiwerk auf
dem Bonner Parkett, rücken in den Vordergrund
des Geschehens. Sie sind das heimliche soziale
Korrektiv in einer Welt der Ränke und Skandale,
die die Männer fast ausnahmslos umtreibt.

Kiepenheuer&Witsch

Heinrich Böll
im dtv

Foto: Isolde Ohlbaum

Siegfried Lenz
im dtv

Marlen Haushofer im dtv

Foto: Peter J. Kahrl, Etscheid

Begegnung mit dem Fremden

Siebenundzwanzig zwischen 1947 und 1958 entstandene Erzählungen. dtv 11205

Die Frau mit den interessanten Träumen

Zwanzig Kurzgeschichten aus dem Frühwerk der großen österreichischen Erzählerin. dtv 11206

Bartls Abenteuer

Kaum stubenrein, wird der kleine Kater Bartl von der Mutter getrennt und muß sich in seinem neuen Zuhause einrichten. Zögernd beginnt er die Welt zu erkunden, besteht Abenteuer und Gefahren, erleidet Niederlagen und feiert Triumphe, wird der Held der Katzenwelt und in der Familie die »Hauptperson«.
dtv 11235 / dtv großdruck 25054

Wir töten Stella und andere Erzählungen

»Marlen Haushofer schreibt über die abgeschatteten Seiten unseres Ichs, aber sie tut es ohne Anklage, Schadenfreude und Moralisierung.« (Hessische Allgemeine) dtv 11293

Schreckliche Treue. Erzählungen

»...Sie beschreibt nicht nur Frauenschicksale im Sinne des heutigen Feminismus, sie nimmt sich auch der oft übersehenen Emanzipation der Männer an...« (Geno Hartlaub) dtv 11294

Die Tapetentür

Eine berufstätige junge Frau lebt allein in der Großstadt. Sie hat einige Affären, deren immer gleicher Ablauf sie langweilt. Die Distanz zur Umwelt wächst, begleitet von einem Gefühl der Leere und Verlorenheit. Als sie sich leidenschaftlich in einen Mann verliebt, schwanger wird und auch heiratet, scheint die Flucht in ein »normales« Leben gelungen... dtv 11361

Die Wand

Eine Frau wacht eines Morgens in einer Hütte in den Bergen auf und findet sich, allein mit ein paar Tieren, in einem Stück Natur eingeschlossen von einer unüberwindbaren gläsernen Wand, hinter der offenbar keine Menschheit mehr existiert. Aber sie will und kann weiterleben. Dieser Roman ist Marlen Haushofers Hauptwerk. dtv 11403

Irmgard Keun
im dtv

Foto: Isolde Ohlbaum

Das kunstseidene Mädchen

Doris will weg aus der Provinz,
die große Welt erobern. In Berlin
stürzt sie sich in das Leben der Tanz-
hallen, Bars und Literaturcafes –
und bleibt doch allein. dtv 11033

Das Mädchen, mit dem die Kinder nicht verkehren durften

Von den Streichen und Abenteuern
eines Mädchen, das nicht bereit
ist, die Welt einfach so zu akzeptie-
ren, wie sie angeblich ist. dtv 11034

Gilgi – eine von uns

Gilgi ist einundzwanzig und hat
einiges satt: die Bevormundung
durch ihre (Pflege-)Eltern, die
»sich ehrbar bis zur silbernen
Hochzeit durchgelangweilt«
haben, die »barock-merkantile«
Zudringlichkeit ihres Chefs und
den Büroalltag sowieso. Da trifft
es sich gut, daß sie sich in Martin
verliebt. Doch als sie bei ihm
eingezogen ist, kommen Gilgi
Zweifel ... dtv 11050

Nach Mitternacht

Deutschland in den dreißiger Jahren. Ein Konkurrent hat Susannes
Freund Franz denunziert. Als er
aus der »Schutzhaft« entlassen
wird, rächt er sich bitter, und
Susanne muß sich entscheiden ...
dtv 11118

Kind aller Länder

Die zehnjährige Kully und ihre
Eltern verlassen Deutschland, weil
der Vater als Schriftsteller bei den
Nazis unerwünscht ist. Es beginnt
eine Odyssee durch Europa und
Amerika ... dtv 11156

D-Zug dritter Klasse

In der Zeit des Nationalsozialismus
treffen in einem Zug von Berlin
nach Paris zufällig sieben Menschen
aus unterschiedlichsten Gesell-
schaftsschichten und mit unterschiedlichsten Reisemotiven
zusammen ... dtv 11176

Ferdinand, der Mann mit dem freundlichen Herzen

Ferdinand ist ein Mann unserer
Tage, eine provisorische Existenz,
wie wir es ja mehr oder weniger alle
sind. Es geht ihm nicht gut, aber es
gelingt ihm, meistens heiter zu sein,
das Beste aus seinem Leben zu
machen. dtv 11220

Ich lebe in einem wilden Wirbel
Briefe an Arnold Strauss
1933 bis 1947
dtv 11229

Eugen Roth
im dtv

Foto: Erika Drave

Ernst und heiter

»Diese Auswahl bietet einen Quer-
schnitt durch das Schaffen eines
Autors, der durch seine heiteren
Versbände, aber auch durch seine
ernsten Gedichte und Erzählungen
seit Jahrzehnten eine große Leser-
gemeinde erfreut.« dtv 10

Genau besehen
Verse und Anekdoten

Verse über alltägliche Situationen
und die Unvollkommenheit der
Welt und der Menschen; Geschichten über Erlebtes aus der Zeit vor
dem Ersten Weltkrieg bis heute;
Lebensweisheiten in Limericks und
Schlüsselreimen. dtv 749

Je nachdem
Heitere Verse und Gedichte

Eugen Roth ist nicht nur ein scharf-
züngiger Menschenkenner, er hat
auch eine andere, zartere Seite. Das
ist seine Fähigkeit, den Regungen
der Seele nachzuspüren und sie im
Spiegel der Natur zu empfinden. In
diesem Band kommt der humorige
und der ernste Eugen Roth zu
Wort. dtv 1730

So ist das Leben
Verse und Prosa

Eugen Roths Thema sind alltägliche
Begebenheiten, wie sie jeder erleben
kann, menschliche Schwächen,
von denen keiner frei ist.
dtv 908 und dtv großdruck 2529

Das Eugen Roth Buch

»Der Mensch vergesse eines nicht:
Auch Unwägbares hat Gewicht.«
Eine umfassende Sammlung von
heiteren Versen und ernsten
Gedichten, von Anekdoten und
Erzählungen. dtv 1592

Erich Kästner
im dtv

Foto: Süddeutscher Verlag

Doktor Erich Kästers
Lyrische Hausapotheke
dtv 11001

Bei Durchsicht meiner Bücher
Gedichte · dtv 11002

Herz auf Taille · Gedichte
dtv 11003

Lärm im Spiegel · Gedichte
dtv 11004

Ein Mann gibt Auskunft
»Linke Melancholie« nannte
Walter Benjamin diese Verse.
dtv 11005

Fabian
Die Geschichte eines Moralisten
Berlin 1930. Ein arbeitsloser
Reklamefachmann erlebt den
Niedergang der Republik.
dtv 11006

Gesang zwischen den Stühlen
Gedichte · dtv 11007

Drei Männer im Schnee
Ein vergnügliches »Märchen für
Erwachsene«, das durch seine
Verfilmung weltberühmt wurde.
dtv 11008

Die verschwundene Miniatur
Die nicht ganz ernstgemeinte
Kriminalgeschichte um einen
Schlachtermeister im Urlaub.
dtv 11009

Der kleine Grenzverkehr
Die Salzburger Festspiele lieferten
den Stoff für diese heitere Liebes-
geschichte · dtv 11010

Der tägliche Kram
Chansons und Prosa 1945 – 1948
dtv 11011

Die kleine Freiheit
Chansons und Prosa 1949 – 1952
dtv 11012

Kurz und bündig · Epigramme
dtv 11013

Die 13 Monate · Gedichte
dtv 11014

Die Schule der Diktatoren
Eine Komödie
dtv 11015

Notabene 45 · Ein Tagebuch
dtv 11016

Hans Werner Richter im dtv

Geschichten aus Bansin

Bansin, der Geburtsort des Autors, ist Schauplatz dieser »Geschichten von zu Hause« über einfache Leute, Tagelöhner, Fischer, Bauarbeiter, kleine Bauern, die sich recht und schlecht durchs Leben schlagen und die an der großen Politik nur am Rande teilnehmen. dtv 10214

Ein Julitag

Eine Begegnung am Grab seines Bruders führt Christian zurück in die Zeit vor dem Krieg. Die Frau seines Bruders ist damals seine Geliebte gewesen. Sie gingen nach Berlin, im Glauben an eine bessere, sozialistische Zukunft. Statt dessen kamen die Nazis … dtv 10285

Die Geschlagenen

Dieser stark autobiographisch gefärbte Roman schildert den Weg eines deutschen Soldaten von der Schlacht am Monte Cassino in die Kriegsgefangenschaft der Amerikaner. dtv 10398

Spuren im Sand

Erinnerungen an eine Kindheit und Jugend in Pommern, die erste Liebe, diverse berufliche Fehlschläge. Die alles überragende Gestalt in diesem Entwicklungsroman ist die verständnisvoll und gelassen handelnde Mutter. dtv 10627

Im Etablissement der Schmetterlinge

Hans Werner Richter porträtiert liebevoll einige Literaten und Kritiker aus »seiner« Gruppe 47 und liefert tiefe Einblicke ins Menschlich-Allzumenschliche und hinter die Kulissen der Szene. Jahrzehntelang hat er mit der Gruppe 47 das literarische Leben der Republik geprägt. dtv 10976

Sie fielen aus Gottes Hand

Spannend wie eine Folge großer Abenteuer- und Liebesgeschichten, erzählt dieser Roman die Schicksale von Menschen, die 1945 zum Strandgut des Krieges geworden sind. dtv 10977

Erfahrungen mit Utopien
Briefe an einen jungen Sozialisten

Ist der Sozialismus am Ende? Oder fängt er jetzt endlich an? Hans Werner Richters ganz persönliche, autobiographische Rechenschaft über große Hoffnungen und bittere Erfahrungen mit dieser deutschen Idee. dtv 11252